Descubra Juegos Gratis Online

Disponibles Aquí:

**BestActivityBooks.com/FREEGAMES**

# 5 CONSEJOS PARA EMPEZAR

## 1) CÓMO RESOLVER LAS SOPA DE LETRAS

Los rompecabezas tienen un formato clásico:

- Las palabras se ocultan sin espacios ni guiones,...
- Orientación: Las palabras pueden escribirse hacia delante, hacia atrás, hacia arriba, hacia abajo o en diagonal (pueden estar invertidas).
- Las palabras pueden superponerse o cruzarse.

## 2) APRENDIZAJE ACTIVO

Junto a cada palabra hay un espacio para anotar la traducción. Para fomentar un aprendizaje activo, un **DICCIONARIO** al final de esta edición te permitirá comprobar y ampliar tus conocimientos. Busca y anota las traducciones, encuéntralas en el puzzle y añádelas a tu vocabulario!

## 3) MARCAR LAS PALABRAS

Puedes inventar tu propio sistema de marcado. ¿Quizás ya usas uno? También puedes, por ejemplo, marcar las palabras difíciles de encontrar con una cruz, las que te gustan con una estrella, las nuevas con un triángulo, las raras con un diamante, etc.

## 4) ESTRUCTURAR EL APRENDIZAJE

Esta edición ofrece un **CUADERNO DE NOTAS** muy práctico al final del libro. En vacaciones, de viaje o en casa, podrás organizar fácilmente tus nuevos conocimientos sin necesidad de un segundo cuaderno!

## 5) ¿HABÉIS TERMINADO TODAS LAS PARRILLAS?

En las últimas páginas de este libro, en la sección **DESAFÍO FINAL**, encontrarás un juego gratis!

¡Rápido y sencillo! Echa un vistazo a nuestra colección de libros de actividades para tu próximo momento de diversión y aprendizaje, ¡a sólo un clic de distancia!

Encuentre su próximo reto en:

BestActivityBooks.com/MiProximoLibro

# En sus marcas, listos, ¡Ya!

¿Sabías que hay unas 7.000 lenguas diferentes en el mundo? Las palabras son preciosas.

Nos encantan los idiomas y hemos trabajado duro para crear libros de la más alta calidad para tí. ¿Nuestros ingredientes?

Una selección de temas adecuados para el aprendizaje, tres buenas porciones de entretenimiento, y luego añadimos una cucharada de palabras difíciles y una pizca de palabras raras. Los servimos con cariño y máxima diversión para que puedas resolver los mejores juegos de palabras y te diviertas aprendiendo!

-------

Tu opinión es esencial. Puedes participar activamente en el éxito de este libro dejándonos un comentario. Nos encantaría saber qué es lo que más le ha gustado de esta edición.

Aquí hay un enlace rápido a tu página de pedidos:

BestBooksActivity.com/Opiniones50

Gracias por tu ayuda y diviértete!

*Todo el equipo*

# 1 - Arqueología

| 뽐 | 낚 | 마 | 뽐 | 신 | 뼈 | 낚 | 구 | 림 | 동 | 절 | 수 | 임 | 예 | 림 |
| 렵 | 시 | 진 | 권 | 비 | 이 | 렵 | 다 | 기 | 식 | 예 | 퍼 | 야 | 스 | 도 |
| 즐 | 동 | 서 | 동 | 진 | 림 | 캠 | 편 | 퍼 | 킹 | 농 | 식 | 독 | 술 | 도 |
| 원 | 관 | 법 | 물 | 임 | 임 | 다 | 예 | 수 | 휴 | 하 | 심 | 이 | 그 | 법 | 하 |
| 마 | 술 | 스 | 도 | 게 | 법 | 킹 | 킹 | 기 | 그 | 교 | 마 | 농 | 법 | 하 |
| 활 | 잊 | 마 | 기 | 그 | 마 | 휴 | 춤 | 물 | 수 | 진 | 포 | 즐 | 농 |
| 사 | 명 | 혀 | 하 | 분 | 낚 | 식 | 야 | 공 | 봉 | 수 | 권 | 기 | 심 |
| 전 | 문 | 가 | 진 | 그 | 석 | 화 | 권 | 핑 | 야 | 구 | 서 | 킹 | 물 | 스 |
| 수 | 임 | 뽐 | 활 | 서 | 동 | 재 | 렵 | 낚 | 원 | 임 | 마 | 술 | 구 | 캠 |
| 수 | 관 | 고 | 대 | 시 | 휴 | 캠 | 팀 | 평 | 가 | 사 | 여 | 즐 | 림 | 활 |
| 다 | 활 | 림 | 퍼 | 하 | 도 | 법 | 포 | 법 | 원 | 도 | 핑 | 캠 | 퍼 | 낚 |
| 동 | 포 | 렵 | 물 | 춤 | 기 | 독 | 심 | 야 | 농 | 연 | 구 | 원 | 후 | 캠 |
| 동 | 림 | 법 | 투 | 하 | 캠 | 관 | 기 | 퍼 | 기 | 동 | 서 | 여 | 손 | 예 |
| 도 | 기 | 심 | 즐 | 하 | 무 | 마 | 스 | 다 | 뽐 | 게 | 독 | 사 | 시 | 캠 |
| 활 | 법 | 포 | 기 | 도 | 덤 | 핑 | 마 | 뽐 | 즐 | 다 | 야 | 물 | 유 | 하 |

| | |
|---|---|
| 분석 | 화석 |
| 고대 | 연구원 |
| 도기 | 신비 |
| 문명 | 사물 |
| 후손 | 잊혀진 |
| 시대 | 교수 |
| 평가 | 유물 |
| 전문가 | 무덤 |

# 2 - Granja #2

| 사 | 구 | 농 | 트 | 사 | 법 | 동 | 법 | 도 | 동 | 낚 | 활 | 오 | 림 | 권 |
|---|---|---|---|---|---|---|---|---|---|---|---|---|---|---|
| 동 | 즐 | 술 | 랙 | 마 | 밀 | 재 | 예 | 공 | 헛 | 물 | 편 | 리 | 원 | 술 |
| 뽐 | 휴 | 다 | 터 | 심 | 게 | 술 | 핑 | 휴 | 간 | 렵 | 수 | 권 | 도 | 렵 |
| 식 | 하 | 휴 | 핑 | 그 | 이 | 농 | 포 | 가 | 농 | 심 | 우 | 유 | 진 | 스 |
| 마 | 구 | 렵 | 수 | 여 | 야 | 원 | 과 | 수 | 원 | 야 | 채 | 봉 | 하 | 낚 |
| 사 | 춤 | 스 | 구 | 활 | 사 | 뽐 | 원 | 활 | 농 | 수 | 포 | 음 | 임 | 캠 |
| 캠 | 라 | 림 | 춤 | 킹 | 식 | 춤 | 스 | 술 | 자 | 목 | 봉 | 관 | 식 | 예 |
| 춤 | 마 | 사 | 동 | 포 | 핑 | 포 | 그 | 마 | 예 | 초 | 농 | 수 | 농 | 서 |
| 심 | 양 | 벌 | 집 | 보 | 농 | 편 | 스 | 즐 | 관 | 지 | 부 | 뽐 | 가 | 과 |
| 퍼 | 고 | 퍼 | 이 | 하 | 리 | 야 | 서 | 권 | 동 | 예 | 렵 | 봉 | 수 | 일 |
| 물 | 기 | 재 | 포 | 다 | 기 | 심 | 농 | 도 | 식 | 관 | 렵 | 공 | 독 | 공 |
| 포 | 휴 | 심 | 수 | 수 | 춤 | 임 | 춤 | 츠 | 물 | 개 | 가 | 예 | 휴 | 투 |
| 수 | 야 | 마 | 심 | 휴 | 옥 | 마 | 진 | 이 | 진 | 핑 | 편 | 시 | 킹 | 물 |
| 림 | 서 | 수 | 그 | 림 | 수 | 춤 | 캠 | 투 | 림 | 즐 | 식 | 시 | 진 | 시 |
| 림 | 렵 | 관 | 야 | 츠 | 수 | 사 | 술 | 시 | 원 | 권 | 관 | 게 | 법 | 림 |

| | |
|---|---|
| 농부 | 우유 |
| 동물 | 라마 |
| 보리 | 옥수수 |
| 벌집 | 목자 |
| 음식 | 오리 |
| 양고기 | 목초지 |
| 과일 | 관개 |
| 헛간 | 트랙터 |
| 과수원 | 야채 |

# 3 - La Empresa

| 예 | 게 | 여 | 동 | 심 | 시 | 기 | 프 | 뾈 | 퍼 | 포 | 위 | 평 | 판 | 서 |
|---|---|---|---|---|---|---|---|---|---|---|---|---|---|---|
| 림 | 야 | 투 | 캠 | 기 | 렵 | 봉 | 재 | 레 | 여 | 포 | 단 | 험 | 뾈 | 편 |
| 핑 | 시 | 자 | 독 | 여 | 수 | 익 | 낚 | 식 | 젠 | 포 | 그 | 구 | 야 | 투 |
| 가 | 능 | 성 | 제 | 품 | 이 | 하 | 관 | 퍼 | 다 | 테 | 법 | 야 | 림 | 심 |
| 혁 | 권 | 수 | 물 | 물 | 재 | 구 | 식 | 사 | 임 | 재 | 이 | 고 | 용 | 물 |
| 그 | 신 | 결 | 정 | 동 | 퍼 | 진 | 공 | 임 | 금 | 하 | 수 | 션 | 구 | 활 |
| 츠 | 봉 | 적 | 공 | 농 | 포 | 행 | 진 | 진 | 식 | 하 | 즐 | 스 | 원 | 림 |
| 하 | 원 | 조 | 인 | 가 | 서 | 휴 | 원 | 퍼 | 원 | 다 | 자 | 물 | 킹 | 예 |
| 편 | 편 | 창 | 하 | 술 | 임 | 심 | 뾈 | 술 | 야 | 즐 | 원 | 림 | 봉 | 심 |
| 글 | 술 | 츠 | 시 | 춤 | 마 | 독 | 사 | 그 | 야 | 하 | 식 | 낚 | 심 | 마 |
| 로 | 핑 | 원 | 식 | 야 | 관 | 스 | 스 | 사 | 낚 | 수 | 춤 | 동 | 이 | 낚 |
| 벌 | 뾈 | 즐 | 진 | 즐 | 퍼 | 렵 | 춤 | 심 | 가 | 예 | 여 | 서 | 야 | 림 |
| 산 | 업 | 법 | 춤 | 가 | 편 | 스 | 츠 | 진 | 관 | 예 | 봉 | 게 | 다 | 림 |
| 품 | 사 | 시 | 즐 | 츠 | 다 | 여 | 사 | 원 | 구 | 게 | 즐 | 도 | 가 | 캠 |
| 질 | 관 | 즐 | 휴 | 퍼 | 사 | 뾈 | 농 | 하 | 야 | 활 | 포 | 서 | 시 | 편 |

품질

창조적

결정

고용

글로벌

산업

수익

혁신적인

투자

사업

가능성

프레젠테이션

제품

진행

자원

평판

위험

임금

단위

# 4 - Aviones

| 하 | 핑 | 진 | 관 | 설 | 농 | 분 | 술 | 물 | 가 | 봉 | 심 | 낚 | 퍼 | 난 |
|---|---|---|---|---|---|---|---|---|---|---|---|---|---|---|
| 퍼 | 뿜 | 킹 | 뿜 | 계 | 게 | 위 | 포 | 다 | 봉 | 도 | 투 | 사 | 조 | 기 |
| 수 | 춤 | 승 | 츠 | 편 | 캠 | 기 | 편 | 림 | 마 | 게 | 풍 | 여 | 종 | 류 |
| 독 | 법 | 객 | 스 | 휴 | 진 | 관 | 마 | 도 | 캠 | 스 | 동 | 선 | 사 | 서 |
| 역 | 사 | 연 | 뿜 | 여 | 예 | 농 | 다 | 법 | 봉 | 다 | 예 | 낚 | 모 | 방 |
| 킹 | 뿜 | 료 | 원 | 임 | 핑 | 시 | 사 | 캠 | 임 | 츠 | 권 | 시 | 험 | 향 |
| 투 | 예 | 수 | 소 | 여 | 구 | 기 | 가 | 여 | 키 | 서 | 캠 | 공 | 관 | 술 |
| 가 | 심 | 킹 | 예 | 편 | 캠 | 독 | 임 | 착 | 륙 | 프 | 렵 | 법 | 게 | 낚 |
| 가 | 건 | 설 | 관 | 킹 | 수 | 퍼 | 다 | 진 | 낚 | 로 | 식 | 여 | 마 | 다 |
| 여 | 도 | 구 | 수 | 고 | 법 | 심 | 공 | 낚 | 이 | 펠 | 뿜 | 서 | 퍼 | 츠 |
| 킹 | 기 | 시 | 낚 | 서 | 도 | 스 | 편 | 구 | 킹 | 러 | 공 | 기 | 하 | 편 |
| 원 | 낚 | 공 | 캠 | 캠 | 그 | 게 | 포 | 동 | 야 | 수 | 뿜 | 렵 | 늘 | 춤 |
| 관 | 즐 | 투 | 사 | 동 | 야 | 스 | 엔 | 기 | 기 | 여 | 관 | 관 | 사 | 다 |
| 동 | 기 | 핑 | 도 | 춤 | 뿜 | 뿜 | 춤 | 진 | 사 | 렵 | 핑 | 기 | 핑 | 봉 |
| 독 | 승 | 무 | 원 | 재 | 그 | 퍼 | 하 | 동 | 재 | 캠 | 츠 | 동 | 츠 | 사 |

| | |
|---|---|
| 공기 | 풍선 |
| 고도 | 프로펠러 |
| 착륙 | 수소 |
| 분위기 | 역사 |
| 모험 | 엔진 |
| 하늘 | 승객 |
| 연료 | 조종사 |
| 건설 | 승무원 |
| 방향 | 난기류 |
| 설계 | |

# 5 - Ética

| 도 | 구 | 연 | 민 | 그 | 도 | 투 | 식 | 수 | 핑 | 농 | 도 | 도 | 진 | 캠 |
| 원 | 스 | 투 | 독 | 포 | 원 | 이 | 예 | 렵 | 시 | 서 | 게 | 킹 | 농 | 수 |
| 봉 | 투 | 봉 | 권 | 핑 | 물 | 심 | 독 | 츠 | 진 | 봉 | 여 | 봉 | 동 | 값 |
| 동 | 물 | 즐 | 철 | 재 | 투 | 원 | 법 | 즐 | 농 | 서 | 츠 | 원 | 휴 |
| 서 | 스 | 야 | 퍼 | 학 | 포 | 다 | 원 | 투 | 하 | 공 | 법 | 술 | 츠 | 공 |
| 예 | 예 | 동 | 식 | 여 | 핑 | 킹 | 서 | 정 | 직 | 동 | 사 | 렵 | 퍼 | 봉 |
| 킹 | 이 | 야 | 게 | 시 | 시 | 기 | 투 | 동 | 독 | 춤 | 지 | 혜 | 공 | 차 |
| 기 | 스 | 재 | 캠 | 시 | 그 | 하 | 관 | 관 | 존 | 엄 | 성 | 친 | 절 | 심 |
| 사 | 림 | 야 | 권 | 사 | 시 | 편 | 다 | 재 | 여 | 수 | 낚 | 낚 | 권 | 즐 |
| 심 | 구 | 수 | 사 | 낙 | 원 | 낚 | 성 | 결 | 무 | 핑 | 사 | 야 | 춤 | 뽐 |
| 이 | 원 | 그 | 여 | 공 | 천 | 합 | 리 | 적 | 인 | 협 | 력 | 투 | 킹 | 편 |
| 야 | 독 | 다 | 원 | 재 | 활 | 주 | 합 | 의 | 시 | 투 | 리 | 내 | 인 | 임 |
| 임 | 스 | 여 | 뽐 | 스 | 관 | 재 | 의 | 주 | 인 | 개 | 뽐 | 얼 | 류 | 권 |
| 권 | 예 | 게 | 수 | 낚 | 활 | 봉 | 식 | 타 | 구 | 시 | 물 | 수 | 리 | 수 |
| 렵 | 외 | 교 | 포 | 휴 | 캠 | 투 | 심 | 이 | 뽐 | 그 | 심 | 캠 | 시 | 즘 |

| | |
|---|---|
| 이타주의 | 개인주의 |
| 친절 | 무결성 |
| 연민 | 낙천주의 |
| 협력 | 인내 |
| 존엄성 | 합리성 |
| 외교 | 합리적인 |
| 철학 | 리얼리즘 |
| 정직 | 지혜 |
| 인류 | 공차 |

# 6 - Ciencia Ficción

| 행 | 성 | 독 | 하 | 소 | 렵 | 법 | 신 | 서 | 술 | 관 | 스 | 편 | 야 | 영 |
|---|---|---|---|---|---|---|---|---|---|---|---|---|---|---|
| 심 | 동 | 도 | 먼 | 설 | 불 | 여 | 비 | 뽐 | 이 | 임 | 독 | 투 | 가 | 화 |
| 다 | 구 | 공 | 수 | 물 | 핑 | 활 | 한 | 렵 | 뽐 | 킹 | 렵 | 낚 | 활 | 편 |
| 춤 | 물 | 기 | 렵 | 식 | 가 | 농 | 뽐 | 권 | 스 | 식 | 여 | 야 | 렵 | 츠 |
| 렵 | 법 | 활 | 사 | 봉 | 유 | 토 | 피 | 아 | 환 | 가 | 재 | 춤 | 활 | 핑 |
| 퍼 | 술 | 동 | 시 | 예 | 그 | 임 | 활 | 의 | 상 | 상 | 퍼 | 수 | 게 | 퍼 |
| 츠 | 권 | 가 | 그 | 렵 | 권 | 이 | 림 | 투 | 낚 | 뽐 | 여 | 이 | 식 | 수 |
| 휴 | 게 | 농 | 렵 | 환 | 상 | 적 | 인 | 킹 | 술 | 하 | 폭 | 도 | 야 | 구 |
| 여 | 포 | 하 | 법 | 미 | 래 | 여 | 임 | 동 | 퍼 | 즐 | 발 | 퍼 | 핑 | 농 |
| 원 | 춤 | 포 | 포 | 편 | 도 | 가 | 대 | 권 | 그 | 야 | 수 | 임 | 여 | 봉 |
| 기 | 휴 | 투 | 야 | 핑 | 진 | 포 | 진 | 본 | 뽐 | 야 | 예 | 동 | 책 | 동 |
| 마 | 술 | 권 | 술 | 봉 | 술 | 예 | 세 | 계 | 원 | 봉 | 권 | 재 | 마 | 원 |
| 물 | 낚 | 낚 | 진 | 농 | 관 | 림 | 마 | 캠 | 캠 | 뽐 | 여 | 오 | 핑 | 자 |
| 은 | 하 | 식 | 술 | 핑 | 게 | 렵 | 술 | 하 | 서 | 스 | 심 | 진 | 라 | 그 |
| 수 | 서 | 하 | 임 | 투 | 퍼 | 츠 | 투 | 물 | 편 | 야 | 사 | 로 | 봇 | 클 |

원자
영화
대본
폭발
환상적인
미래
은하
환상
상상의

신비한
세계
소설
오라클
행성
로봇
기술
유토피아

# 7 - Granja #1

| | | | | | | | | | | | | | |
|---|---|---|---|---|---|---|---|---|---|---|---|---|---|
| 땅 | 투 | 심 | 도 | 투 | 스 | 게 | 퍼 | 송 | 고 | 동 | 투 | 물 | 술 | 물 |
| 관 | 춤 | 뺌 | 즐 | 법 | 기 | 이 | 봉 | 아 | 양 | 건 | 심 | 캠 | 즐 | 츠 |
| 사 | 식 | 관 | 퍼 | 시 | 캠 | 비 | 관 | 지 | 이 | 초 | 서 | 물 | 도 | 야 |
| 하 | 마 | 뺌 | 관 | 재 | 렵 | 료 | 봉 | 서 | 술 | 퍼 | 예 | 스 | 가 | 서 |
| 즐 | 농 | 림 | 법 | 벌 | 법 | 구 | 농 | 즐 | 임 | 그 | 캠 | 포 | 활 | 포 |
| 농 | 도 | 츠 | 다 | 이 | 들 | 원 | 관 | 시 | 츠 | 원 | 마 | 여 | 림 | 울 |
| 수 | 도 | 시 | 킹 | 권 | 츠 | 농 | 마 | 예 | 재 | 게 | 구 | 낚 | 꿀 | 타 |
| 투 | 림 | 하 | 도 | 수 | 농 | 렵 | 투 | 봉 | 법 | 재 | 예 | 닭 | 법 | 리 |
| 원 | 렵 | 가 | 캠 | 쌀 | 킹 | 동 | 핑 | 렵 | 술 | 농 | 업 | 술 | 동 | 원 |
| 예 | 물 | 투 | 핑 | 렵 | 봉 | 이 | 퍼 | 핑 | 까 | 예 | 이 | 봉 | 씨 | 구 |
| 재 | 농 | 진 | 공 | 술 | 마 | 림 | 심 | 게 | 마 | 사 | 기 | 림 | 활 | 앗 |
| 핑 | 여 | 낚 | 포 | 스 | 렵 | 권 | 임 | 포 | 귀 | 나 | 당 | 임 | 권 | 하 |
| 술 | 다 | 임 | 공 | 소 | 동 | 사 | 권 | 그 | 림 | 하 | 심 | 물 | 개 | 농 |
| 서 | 도 | 캠 | 뺌 | 염 | 동 | 즐 | 렵 | 마 | 수 | 휴 | 스 | 말 | 가 | 임 |
| 이 | 농 | 포 | 즐 | 농 | 독 | 기 | 츠 | 다 | 법 | 렵 | 하 | 시 | 활 | 즐 |

| | |
|---|---|
| 농업 | 고양이 |
| 당나귀 | 건초 |
| 염소 | 씨앗 |
| 까마귀 | 송아지 |
| 비료 | 울타리 |

# 8 - Camping

| 츠 | 시 | 권 | 휴 | 달 | 수 | 술 | 마 | 도 | 퍼 | 림 | 하 | 권 | 관 | 독 |
|---|---|---|---|---|---|---|---|---|---|---|---|---|---|---|
| 시 | 동 | 물 | 츠 | 투 | 스 | 심 | 뽐 | 낚 | 자 | 심 | 권 | 서 | 수 | 렵 |
| 기 | 기 | 원 | 술 | 식 | 시 | 구 | 휴 | 식 | 동 | 연 | 관 | 낚 | 호 | 서 |
| 밧 | 낚 | 그 | 서 | 진 | 식 | 게 | 사 | 춤 | 킹 | 심 | 권 | 시 | 츠 | 술 |
| 줄 | 춤 | 포 | 수 | 수 | 여 | 텐 | 트 | 임 | 게 | 공 | 즐 | 관 | 구 | 킹 |
| 캐 | 빈 | 여 | 퍼 | 법 | 낚 | 렵 | 렵 | 동 | 공 | 재 | 이 | 퍼 | 캠 | 사 |
| 해 | 먹 | 시 | 그 | 진 | 킹 | 원 | 킹 | 사 | 구 | 진 | 휴 | 구 | 편 | 즐 |
| 야 | 권 | 마 | 캠 | 포 | 관 | 즐 | 카 | 누 | 물 | 서 | 숲 | 휴 | 기 | 공 |
| 캠 | 진 | 낚 | 서 | 무 | 봉 | 츠 | 시 | 이 | 농 | 이 | 퍼 | 기 | 산 | 봉 |
| 장 | 비 | 물 | 핑 | 나 | 침 | 반 | 가 | 사 | 야 | 구 | 기 | 휴 | 뽐 | 여 |
| 도 | 술 | 휴 | 편 | 이 | 렵 | 권 | 물 | 봉 | 투 | 시 | 시 | 독 | 원 | 낚 |
| 재 | 츠 | 독 | 춤 | 식 | 모 | 험 | 술 | 하 | 야 | 임 | 사 | 킹 | 시 | 캠 |
| 지 | 포 | 스 | 활 | 심 | 심 | 공 | 핑 | 공 | 캠 | 물 | 야 | 농 | 투 | 스 |
| 츠 | 도 | 퍼 | 기 | 원 | 렵 | 원 | 불 | 원 | 예 | 캠 | 구 | 진 | 야 | 포 |
| 봉 | 서 | 마 | 모 | 자 | 활 | 다 | 춤 | 구 | 술 | 투 | 투 | 재 | 곤 | 충 |

동물  
모험  
나무  
나침반  
캐빈  
카누  
텐트  
수렵  

밧줄  
장비  
해먹  
곤충  
호수  
지도  
자연  
모자

# 9 - Fruta

| 사 | 과 | 핑 | 여 | 바 | 동 | 진 | 시 | 봉 | 법 | 권 | 퍼 | 동 | 망 | 킹 |
|---|---|---|---|---|---|---|---|---|---|---|---|---|---|---|
| 수 | 체 | 여 | 권 | 나 | 시 | 캠 | 즐 | 즐 | 관 | 캠 | 낚 | 이 | 가 | 고 |
| 술 | 리 | 베 | 가 | 나 | 사 | 게 | 레 | 몬 | 다 | 오 | 렌 | 지 | 임 | 임 |
| 휴 | 심 | 키 | 활 | 동 | 마 | 마 | 이 | 투 | 즐 | 물 | 도 | 봉 | 하 | 스 |
| 츠 | 야 | 위 | 스 | 활 | 임 | 다 | 동 | 캠 | 캠 | 편 | 활 | 식 | 다 | 편 |
| 아 | 도 | 재 | 술 | 라 | 법 | 독 | 물 | 이 | 농 | 수 | 편 | 편 | 즐 | 식 |
| 독 | 보 | 활 | 농 | 즈 | 투 | 관 | 동 | 퍼 | 서 | 진 | 진 | 시 | 식 | 원 |
| 시 | 독 | 카 | 수 | 베 | 진 | 포 | 동 | 휴 | 법 | 포 | 츠 | 구 | 스 | 구 |
| 복 | 그 | 도 | 도 | 리 | 스 | 도 | 그 | 권 | 림 | 심 | 진 | 그 | 임 | 아 |
| 킹 | 숭 | 동 | 공 | 물 | 기 | 휴 | 수 | 살 | 구 | 즐 | 마 | 게 | 사 | 바 |
| 식 | 여 | 아 | 숭 | 복 | 도 | 천 | 원 | 림 | 진 | 서 | 사 | 즐 | 춤 | 구 |
| 포 | 도 | 도 | 사 | 하 | 시 | 예 | 재 | 동 | 게 | 술 | 게 | 활 | 츠 | 퍼 |
| 게 | 공 | 심 | 다 | 게 | 야 | 낚 | 관 | 즐 | 편 | 재 | 기 | 코 | 림 | 다 |
| 멜 | 론 | 렵 | 스 | 투 | 파 | 인 | 애 | 플 | 야 | 심 | 킹 | 코 | 여 | 권 |
| 동 | 캠 | 렵 | 그 | 게 | 파 | 야 | 가 | 활 | 봉 | 그 | 물 | 넛 | 심 | 배 |

| | |
|---|---|
| 아보카도 | 사과 |
| 살구 | 복숭아 |
| 베리 | 멜론 |
| 체리 | 오렌지 |
| 코코넛 | 천도 복숭아 |
| 라즈베리 | 파파야 |
| 구아바 | 파인애플 |
| 키위 | 바나나 |
| 레몬 | 포도 |
| 망고 | |

# 10 - Geología

| | | | | | | | | | | | | | |
|---|---|---|---|---|---|---|---|---|---|---|---|---|---|
| 다 | 탄 | 돌 | 활 | 킹 | 봉 | 스 | 퍼 | 뽐 | 여 | 낚 | 시 | 이 | 진 | 봉 |
| 산 | 호 | 산 | 다 | 춤 | 핑 | 관 | 기 | 그 | 고 | 퍼 | 화 | 층 | 렵 | 그 |
| 화 | 포 | 수 | 수 | 야 | 포 | 낚 | 구 | 다 | 도 | 원 | 석 | 하 | 심 | 뽐 |
| 야 | 크 | 재 | 이 | 즐 | 투 | 법 | 포 | 야 | 림 | 진 | 야 | 서 | 여 | 재 |
| 서 | 야 | 리 | 동 | 렵 | 법 | 투 | 캠 | 서 | 물 | 춤 | 소 | 금 | 투 | 농 |
| 투 | 마 | 휴 | 스 | 가 | 칼 | 도 | 농 | 구 | 농 | 구 | 시 | 포 | 관 | 심 |
| 도 | 즐 | 식 | 재 | 탈 | 숨 | 권 | 권 | 술 | 사 | 핑 | 편 | 동 | 투 | 서 |
| 서 | 사 | 술 | 낚 | 렵 | 산 | 공 | 독 | 캠 | 그 | 렵 | 춤 | 핑 | 마 | 권 |
| 스 | 그 | 야 | 그 | 동 | 뽐 | 권 | 동 | 편 | 이 | 이 | 농 | 가 | 시 | 관 |
| 마 | 구 | 도 | 독 | 법 | 렵 | 시 | 굴 | 가 | 수 | 용 | 휴 | 스 | 서 | 뽐 |
| 렵 | 법 | 렵 | 기 | 서 | 물 | 활 | 식 | 츠 | 시 | 암 | 간 | 츠 | 다 | 킹 |
| 영 | 재 | 킹 | 공 | 수 | 원 | 츠 | 농 | 렵 | 법 | 뽐 | 헐 | 원 | 편 | 그 |
| 석 | 순 | 춤 | 휴 | 수 | 게 | 춤 | 독 | 이 | 활 | 술 | 천 | 야 | 농 | 뽐 |
| 유 | 게 | 캠 | 대 | 륙 | 시 | 진 | 기 | 서 | 게 | 서 | 게 | 림 | 야 | 관 |
| 종 | 활 | 가 | 투 | 재 | 지 | 진 | 킹 | 부 | 식 | 봉 | 야 | 도 | 시 | 낚 |

| | |
|---|---|
| 칼슘 | 화석 |
| 동굴 | 간헐천 |
| 대륙 | 용암 |
| 산호 | 고원 |
| 크리스탈 | 탄산수 |
| 석영 | 소금 |
| 부식 | 지진 |
| 종유석 | 화산 |
| 석순 | |

# 11 - Álgebra

| 림 | 춤 | 렵 | 춤 | 이 | 사 | 서 | 림 | 요 | 인 | 물 | 편 | 야 | 독 | 물 |
|---|---|---|---|---|---|---|---|---|---|---|---|---|---|---|
| 수 | 식 | 서 | 낚 | 휴 | 뽐 | 진 | 뽐 | 퍼 | 권 | 즐 | 낚 | 무 | 즐 | 서 |
| 킹 | 여 | 이 | 진 | 심 | 사 | 휴 | 식 | 권 | 그 | 핑 | 방 | 한 | 즐 | 편 |
| 스 | 킹 | 하 | 수 | 공 | 서 | 도 | 물 | 관 | 래 | 다 | 정 | 휴 | 식 | 심 |
| 권 | 이 | 동 | 공 | 문 | 예 | 예 | 야 | 다 | 프 | 퍼 | 식 | 분 | 수 | 사 |
| 투 | 권 | 편 | 투 | 제 | 핑 | 활 | 도 | 춤 | 권 | 가 | 선 | 형 | 뽐 | 여 |
| 수 | 거 | 스 | 하 | 심 | 법 | 임 | 표 | 술 | 독 | 킹 | 단 | 순 | 화 | 서 |
| 림 | 짓 | 독 | 구 | 뽐 | 예 | 해 | 관 | 술 | 뽐 | 포 | 낚 | 독 | 휴 | 사 |
| 렵 | 킹 | 즐 | 휴 | 활 | 물 | 임 | 결 | 캠 | 원 | 예 | 구 | 행 | 술 | 물 |
| 휴 | 휴 | 림 | 야 | 이 | 이 | 관 | 즐 | 책 | 심 | 원 | 법 | 렬 | 킹 | 투 |
| 기 | 법 | 이 | 뽐 | 영 | 멱 | 가 | 식 | 양 | 진 | 편 | 농 | 핑 | 포 | 여 |
| 진 | 하 | 핑 | 즐 | 수 | 진 | 지 | 다 | 캠 | 뽐 | 기 | 변 | 츠 | 도 | 권 |
| 야 | 편 | 관 | 서 | 권 | 핑 | 낚 | 수 | 물 | 빼 | 캠 | 수 | 봉 | 즐 | 휴 |
| 술 | 기 | 춤 | 동 | 동 | 스 | 퍼 | 서 | 편 | 기 | 즐 | 동 | 이 | 다 | 핑 |
| 뽐 | 법 | 원 | 킹 | 활 | 퍼 | 시 | 독 | 진 | 수 | 게 | 괄 | 호 | 독 | 투 |

도표  
방정식  
멱지수  
요인  
거짓  
수식  
분수  
그래프  
무한  

선형  
행렬  
괄호  
문제  
빼기  
단순화  
해결책  
변수

# 12 - Plantas

| 독 | 아 | 심 | 물 | 캠 | 야 | 휴 | 스 | 물 | 도 | 춤 | 그 | 츠 | 스 | 킹 |
|---|---|---|---|---|---|---|---|---|---|---|---|---|---|---|
| 료 | 이 | 포 | 농 | 수 | 림 | 사 | 야 | 림 | 가 | 휴 | 캠 | 투 | 편 | 이 |
| 플 | 비 | 잔 | 태 | 사 | 독 | 투 | 수 | 나 | 무 | 렵 | 캠 | 봉 | 서 | 춤 |
| 로 | 심 | 디 | 양 | 물 | 수 | 휴 | 야 | 재 | 야 | 재 | 법 | 이 | 수 | 식 |
| 라 | 봉 | 식 | 초 | 목 | 림 | 낚 | 봉 | 사 | 동 | 게 | 쁨 | 심 | 핑 | 여 |
| 여 | 사 | 서 | 공 | 스 | 시 | 봉 | 동 | 림 | 즐 | 그 | 츠 | 임 | 베 | 쁨 |
| 활 | 식 | 진 | 권 | 법 | 즐 | 대 | 정 | 원 | 도 | 법 | 술 | 농 | 리 | 사 |
| 낚 | 그 | 쁨 | 재 | 마 | 마 | 다 | 나 | 심 | 츠 | 이 | 여 | 뿌 | 캠 | 식 |
| 투 | 수 | 여 | 킹 | 시 | 예 | 게 | 잎 | 무 | 이 | 즐 | 농 | 리 | 낚 | 심 |
| 원 | 술 | 식 | 물 | 학 | 즐 | 츠 | 심 | 관 | 권 | 끼 | 숲 | 봉 | 봉 | 서 |
| 퍼 | 쁨 | 낚 | 임 | 핑 | 시 | 그 | 가 | 관 | 렵 | 선 | 인 | 장 | 그 | 서 |
| 스 | 다 | 게 | 임 | 식 | 수 | 부 | 시 | 가 | 서 | 독 | 임 | 관 | 하 | 법 |
| 야 | 봉 | 공 | 다 | 가 | 렵 | 퍼 | 원 | 동 | 이 | 퍼 | 이 | 핑 | 공 | 농 |
| 쁨 | 시 | 림 | 봉 | 포 | 법 | 꽃 | 잎 | 콩 | 재 | 독 | 쁨 | 낚 | 진 | 술 |
| 킹 | 핑 | 활 | 편 | 하 | 구 | 독 | 낚 | 심 | 편 | 가 | 츠 | 활 | 츠 | 가 |

| | |
|---|---|
| 부시 | 아이비 |
| 나무 | 잔디 |
| 대나무 | 정원 |
| 베리 | 이끼 |
| 식물학 | 꽃잎 |
| 선인장 | 뿌리 |
| 비료 | 태양 |
| 플로라 | 초목 |

# 13 - Suministros de Arte

| 게 | 아 | 관 | 춤 | 관 | 가 | 서 | 여 | 캠 | 시 | 관 | 사 | 사 | 휴 | 다 |
|---|---|---|---|---|---|---|---|---|---|---|---|---|---|---|
| 게 | 크 | 접 | 착 | 제 | 투 | 식 | 림 | 가 | 춤 | 물 | 진 | 사 | 야 | 구 |
| 킹 | 릴 | 봉 | 독 | 마 | 농 | 투 | 핑 | 물 | 하 | 도 | 화 | 채 | 수 | 편 |
| 사 | 킹 | 법 | 게 | 여 | 심 | 연 | 필 | 마 | 캠 | 기 | 가 | 식 | 하 | 관 |
| 봉 | 심 | 다 | 술 | 잉 | 스 | 창 | 낚 | 포 | 술 | 투 | 원 | 물 | 낚 | 농 |
| 의 | 식 | 그 | 하 | 크 | 심 | 의 | 파 | 스 | 텔 | 수 | 권 | 가 | 야 | 재 |
| 자 | 그 | 여 | 동 | 이 | 퍼 | 성 | 캠 | 도 | 렵 | 카 | 하 | 춤 | 동 | 편 |
| 물 | 야 | 예 | 농 | 관 | 원 | 하 | 사 | 가 | 여 | 메 | 낚 | 포 | 관 | 하 |
| 독 | 포 | 원 | 뽐 | 이 | 봉 | 식 | 여 | 활 | 포 | 라 | 지 | 우 | 개 | 마 |
| 림 | 법 | 가 | 재 | 법 | 술 | 다 | 킹 | 공 | 가 | 츠 | 편 | 렵 | 동 | 도 |
| 즐 | 도 | 사 | 수 | 심 | 기 | 퍼 | 활 | 투 | 게 | 포 | 즐 | 투 | 수 | 원 |
| 권 | 츠 | 하 | 사 | 봉 | 기 | 름 | 어 | 독 | 식 | 술 | 권 | 포 | 점 | 숯 |
| 낚 | 그 | 임 | 식 | 스 | 사 | 구 | 디 | 기 | 게 | 공 | 브 | 즐 | 캠 | 토 |
| 즐 | 물 | 야 | 야 | 마 | 법 | 종 | 이 | 진 | 즐 | 농 | 동 | 러 | 표 | 투 |
| 츠 | 법 | 다 | 춤 | 농 | 게 | 심 | 아 | 구 | 여 | 여 | 색 | 상 | 쉬 | 여 |

| | |
|---|---|
| 기름 | 창의성 |
| 아크릴 | 아이디어 |
| 수채화 | 연필 |
| 점토 | 종이 |
| 지우개 | 파스텔 |
| 화가 | 접착제 |
| 카메라 | 의자 |
| 브러쉬 | 잉크 |
| 색상 | |

# 14 - Negocio

| 도 | 원 | 동 | 직 | 원 | 법 | 이 | 사 | 재 | 낚 | 돈 | 림 | 여 | 춤 | 권 |
|---|---|---|---|---|---|---|---|---|---|---|---|---|---|---|
| 마 | 독 | 그 | 술 | 낚 | 게 | 휴 | 원 | 수 | 게 | 가 | 독 | 도 | 관 | 여 |
| 회 | 기 | 투 | 가 | 이 | 게 | 술 | 구 | 금 | 쁨 | 하 | 세 | 독 | 휴 | 캠 |
| 렵 | 사 | 자 | 물 | 그 | 킹 | 할 | 인 | 융 | 심 | 스 | 독 | 금 | 구 | 사 |
| 거 | 래 | 사 | 그 | 상 | 품 | 이 | 퍼 | 구 | 물 | 예 | 이 | 경 | 임 | 야 |
| 식 | 수 | 편 | 무 | 농 | 농 | 낚 | 퍼 | 하 | 원 | 그 | 동 | 력 | 츠 | 통 |
| 물 | 스 | 츠 | 공 | 실 | 포 | 이 | 예 | 독 | 활 | 봉 | 비 | 쁨 | 다 | 화 |
| 시 | 권 | 농 | 수 | 스 | 관 | 식 | 산 | 가 | 직 | 술 | 용 | 사 | 심 | 농 |
| 고 | 용 | 주 | 경 | 제 | 학 | 편 | 술 | 편 | 업 | 마 | 가 | 게 | 판 | 매 |
| 심 | 쁨 | 예 | 진 | 낚 | 츠 | 그 | 예 | 물 | 봉 | 재 | 진 | 봉 | 진 | 임 |
| 핑 | 예 | 수 | 임 | 다 | 활 | 스 | 포 | 구 | 여 | 캠 | 편 | 여 | 핑 | 구 |
| 물 | 마 | 사 | 재 | 수 | 관 | 즐 | 핑 | 봉 | 수 | 사 | 봉 | 야 | 활 | 림 |
| 낚 | 퍼 | 동 | 시 | 킹 | 스 | 도 | 심 | 물 | 가 | 공 | 장 | 그 | 재 | 게 |
| 예 | 예 | 물 | 도 | 캠 | 그 | 관 | 이 | 시 | 동 | 원 | 포 | 심 | 캠 | 법 |
| 야 | 진 | 시 | 농 | 스 | 수 | 이 | 심 | 심 | 이 | 휴 | 핑 | 렵 | 예 | 투 |

| | |
|---|---|
| 경력 | 투자 |
| 비용 | 상품 |
| 할인 | 통화 |
| 경제학 | 사무실 |
| 직원 | 예산 |
| 고용주 | 가게 |
| 회사 | 직업 |
| 공장 | 거래 |
| 금융 | 판매 |
| 세금 | |

# 15 - Jardín

| 여 | 서 | 갈 | 킹 | 농 | 구 | 식 | 울 | 타 | 리 | 하 | 수 | 낚 | 사 | 마 |
|---|---|---|---|---|---|---|---|---|---|---|---|---|---|---|
| 핑 | 임 | 퀴 | 과 | 수 | 원 | 부 | 수 | 야 | 게 | 삽 | 도 | 기 | 츠 | 임 |
| 즐 | 쁨 | 도 | 렵 | 공 | 정 | 진 | 시 | 공 | 킹 | 진 | 스 | 원 | 술 | 서 |
| 술 | 킹 | 물 | 츠 | 수 | 킹 | 진 | 봉 | 춤 | 구 | 수 | 가 | 츠 | 차 | 게 |
| 나 | 츠 | 동 | 서 | 휴 | 여 | 술 | 스 | 구 | 봉 | 기 | 투 | 호 | 고 | 해 |
| 무 | 봉 | 수 | 기 | 투 | 휴 | 렵 | 춤 | 잔 | 구 | 현 | 수 | 스 | 술 | 먹 |
| 활 | 물 | 수 | 휴 | 수 | 하 | 편 | 그 | 휴 | 디 | 관 | 식 | 포 | 원 | 관 |
| 하 | 잡 | 하 | 포 | 핑 | 재 | 다 | 구 | 독 | 가 | 봉 | 야 | 법 | 다 | 투 |
| 포 | 초 | 사 | 그 | 낚 | 림 | 법 | 진 | 포 | 진 | 심 | 활 | 공 | 렵 | 사 |
| 관 | 핑 | 츠 | 예 | 그 | 권 | 렵 | 즐 | 구 | 이 | 관 | 구 | 편 | 야 | 마 |
| 기 | 물 | 임 | 렵 | 이 | 진 | 공 | 테 | 라 | 스 | 시 | 진 | 이 | 서 | 식 |
| 사 | 즐 | 물 | 트 | 캠 | 쁨 | 쁨 | 가 | 렵 | 편 | 권 | 재 | 투 | 동 | 기 |
| 춤 | 마 | 하 | 램 | 재 | 퍼 | 도 | 독 | 렵 | 권 | 권 | 벤 | 치 | 재 | 재 |
| 바 | 위 | 캠 | 폴 | 봉 | 임 | 야 | 하 | 스 | 스 | 낚 | 농 | 토 | 양 | 연 |
| 다 | 물 | 원 | 린 | 서 | 하 | 권 | 그 | 도 | 꽃 | 즐 | 쁨 | 하 | 킹 | 못 |

| | |
|---|---|
| 부시 | 잡초 |
| 나무 | 호스 |
| 벤치 | 현관 |
| 연못 | 갈퀴 |
| 차고 | 바위 |
| 해먹 | 토양 |
| 잔디 | 테라스 |
| 과수원 | 트램폴린 |
| 정원 | 울타리 |

# 16 - Países #2

| | | | | | | | | | | | | | | |
|---|---|---|---|---|---|---|---|---|---|---|---|---|---|---|
| 덴 | 알 | 그 | 낚 | 코 | 시 | 멕 | 독 | 춤 | 퍼 | 사 | 캠 | 오 | 심 | 여 |
| 마 | 바 | 수 | 편 | 가 | 리 | 그 | 원 | 포 | 활 | 하 | 게 | 스 | 랑 | 프 |
| 크 | 니 | 드 | 랜 | 일 | 아 | 여 | 스 | 르 | 츠 | 림 | 춤 | 트 | 재 | 심 |
| 원 | 아 | 사 | 이 | 게 | 시 | 심 | 렵 | 투 | 독 | 공 | 독 | 리 | 구 | 봉 |
| 도 | 도 | 그 | 츠 | 즐 | 네 | 시 | 식 | 갈 | 라 | 오 | 스 | 아 | 원 | 동 |
| 기 | 진 | 기 | 진 | 관 | 도 | 독 | 야 | 이 | 그 | 재 | 동 | 사 | 심 | 킹 |
| 구 | 하 | 우 | 공 | 포 | 인 | 자 | 메 | 이 | 카 | 다 | 공 | 술 | 킹 | 식 |
| 기 | 물 | 크 | 구 | 시 | 퍼 | 진 | 춤 | 즐 | 봉 | 야 | 휴 | 휴 | 퍼 | 재 |
| 독 | 에 | 라 | 스 | 즐 | 여 | 편 | 진 | 농 | 야 | 사 | 독 | 식 | 뺌 | 술 |
| 그 | 티 | 이 | 수 | 식 | 우 | 간 | 다 | 공 | 사 | 수 | 봉 | 다 | 춤 | 여 |
| 법 | 오 | 나 | 호 | 주 | 임 | 즐 | 사 | 도 | 수 | 임 | 마 | 러 | 뺌 | 림 |
| 그 | 피 | 임 | 여 | 파 | 사 | 활 | 킹 | 뺌 | 시 | 단 | 독 | 일 | 시 | 포 |
| 리 | 아 | 휴 | 동 | 키 | 게 | 사 | 활 | 다 | 진 | 렵 | 동 | 식 | 본 | 아 |
| 스 | 수 | 사 | 포 | 스 | 재 | 그 | 관 | 춤 | 임 | 서 | 시 | 스 | 퍼 | 구 |
| 캠 | 게 | 사 | 공 | 탄 | 춤 | 킹 | 여 | 여 | 임 | 기 | 권 | 원 | 예 | 하 |

| | |
|---|---|
| 알바니아 | 일본 |
| 호주 | 라오스 |
| 오스트리아 | 멕시코 |
| 덴마크 | 파키스탄 |
| 에티오피아 | 포르투갈 |
| 프랑스 | 러시아 |
| 그리스 | 시리아 |
| 인도네시아 | 수단 |
| 아일랜드 | 우크라이나 |
| 자메이카 | 우간다 |

# 17 - Tecnología

| 하 | 컴 | 서 | 투 | 술 | 연 | 시 | 재 | 가 | 파 | 보 | 안 | 활 | 권 | 임 |
|---|---|---|---|---|---|---|---|---|---|---|---|---|---|---|
| 카 | 퓨 | 츠 | 권 | 도 | 렵 | 구 | 도 | 공 | 일 | 소 | 프 | 트 | 웨 | 어 |
| 메 | 터 | 봉 | 그 | 가 | 예 | 농 | 퍼 | 편 | 스 | 식 | 활 | 가 | 관 | 여 |
| 라 | 핑 | 술 | 이 | 다 | 농 | 편 | 림 | 관 | 도 | 사 | 춤 | 다 | 뽐 | 도 |
| 임 | 편 | 수 | 그 | 그 | 재 | 마 | 임 | 블 | 기 | 농 | 이 | 식 | 진 | 이 |
| 춤 | 스 | 시 | 킹 | 공 | 그 | 가 | 상 | 츠 | 로 | 기 | 글 | 림 | 투 | 춤 |
| 농 | 마 | 휴 | 독 | 공 | 렵 | 예 | 이 | 진 | 게 | 그 | 꼴 | 심 | 물 | 물 |
| 농 | 진 | 투 | 포 | 투 | 관 | 커 | 서 | 즐 | 춤 | 스 | 이 | 임 | 원 | 임 |
| 스 | 츠 | 예 | 임 | 스 | 술 | 포 | 렵 | 심 | 기 | 하 | 휴 | 마 | 가 | 림 |
| 낚 | 가 | 활 | 인 | 러 | 메 | 도 | 휴 | 심 | 서 | 심 | 법 | 림 | 통 | 계 |
| 활 | 뽐 | 시 | 터 | 이 | 데 | 시 | 털 | 이 | 브 | 활 | 도 | 임 | 법 | 여 |
| 구 | 마 | 임 | 넷 | 바 | 화 | 면 | 지 | 시 | 라 | 관 | 진 | 법 | 예 | 캠 |
| 킹 | 킹 | 임 | 렵 | 이 | 여 | 재 | 디 | 법 | 우 | 뽐 | 스 | 게 | 여 | 츠 |
| 가 | 물 | 수 | 법 | 트 | 게 | 권 | 뽐 | 캠 | 저 | 심 | 그 | 동 | 게 | 캠 |
| 진 | 캠 | 농 | 킹 | 기 | 가 | 게 | 하 | 즐 | 도 | 임 | 렵 | 퍼 | 낚 | 심 |

| | |
|---|---|
| 파일 | 연구 |
| 블로그 | 메시지 |
| 바이트 | 브라우저 |
| 카메라 | 컴퓨터 |
| 커서 | 화면 |
| 데이터 | 보안 |
| 디지털 | 소프트웨어 |
| 통계 | 가상 |
| 글꼴 | 바이러스 |
| 인터넷 | |

# 18 - Números

| | | | | | | | | | | | | | | |
|---|---|---|---|---|---|---|---|---|---|---|---|---|---|---|
| 마 | 시 | 서 | 법 | 사 | 법 | 공 | 심 | 재 | 법 | 여 | 다 | 다 | 권 | 투 |
| 영 | 킹 | 사 | 포 | 원 | 활 | 물 | 투 | 스 | 재 | 퍼 | 덟 | 임 | 그 | 수 |
| 심 | 하 | 십 | 림 | 법 | 공 | 도 | 낚 | 츠 | 여 | 심 | 관 | 여 | 일 | 츠 |
| 곱 | 일 | 열 | 아 | 홉 | 캠 | 스 | 농 | 킹 | 관 | 열 | 림 | 구 | 곱 | 임 |
| 두 | 열 | 셋 | 게 | 기 | 독 | 림 | 물 | 관 | 진 | 두 | 렵 | 킹 | 서 | 법 |
| 마 | 다 | 핑 | 춤 | 포 | 스 | 식 | 스 | 틴 | 하 | 사 | 구 | 스 | 도 | 마 |
| 구 | 가 | 재 | 수 | 공 | 심 | 공 | 야 | 가 | 이 | 쁨 | 기 | 예 | 낚 | 쁨 |
| 포 | 투 | 식 | 진 | 마 | 포 | 봉 | 다 | 그 | 휴 | 츠 | 츠 | 가 | 재 | 구 |
| 투 | 예 | 캠 | 십 | 투 | 퍼 | 도 | 아 | 섯 | 춤 | 독 | 서 | 임 | 식 | 임 |
| 시 | 게 | 사 | 팔 | 임 | 원 | 츠 | 홉 | 관 | 투 | 투 | 게 | 투 | 이 | 쁨 |
| 심 | 활 | 법 | 삼 | 휴 | 동 | 술 | 킹 | 수 | 가 | 낚 | 식 | 편 | 수 | 투 |
| 법 | 투 | 물 | 농 | 기 | 시 | 법 | 킹 | 진 | 춤 | 마 | 기 | 다 | 예 | 스 |
| 농 | 휴 | 춤 | 휴 | 킹 | 하 | 핑 | 술 | 여 | 섯 | 투 | 즐 | 술 | 여 | 야 |
| 독 | 캠 | 쁨 | 봉 | 구 | 야 | 스 | 다 | 마 | 이 | 렵 | 예 | 예 | 도 | 사 |
| 열 | 다 | 섯 | 심 | 원 | 사 | 기 | 시 | 가 | 그 | 사 | 기 | 즐 | 활 | 즐 |

십사
다섯
십진수
열아홉
십팔
식스틴
열일곱
열두

아홉
여덟
열 다섯
여섯
일곱
열셋
스물

# 19 - Física

| 이 | 동 | 변 | 수 | 엔 | 관 | 렵 | 공 | 서 | 킹 | 가 | 킹 | 스 | 가 | 렵 |
|---|---|---|---|---|---|---|---|---|---|---|---|---|---|---|
| 춤 | 공 | 킹 | 전 | 핵 | 진 | 원 | 킹 | 투 | 농 | 캠 | 속 | 가 | 식 | 여 |
| 하 | 도 | 가 | 자 | 다 | 자 | 기 | 춤 | 낚 | 권 | 물 | 법 | 시 | 관 | 농 |
| 도 | 다 | 독 | 분 | 마 | 관 | 재 | 스 | 편 | 즐 | 림 | 휴 | 동 | 츠 | 물 |
| 동 | 진 | 사 | 이 | 마 | 야 | 가 | 봉 | 질 | 식 | 이 | 가 | 스 | 중 | 력 |
| 포 | 춤 | 진 | 공 | 관 | 심 | 권 | 춤 | 량 | 재 | 게 | 임 | 하 | 술 | 여 |
| 그 | 하 | 쁨 | 렵 | 재 | 즐 | 수 | 여 | 예 | 즐 | 춤 | 렵 | 동 | 원 | 즐 |
| 여 | 편 | 하 | 게 | 편 | 쁨 | 임 | 게 | 즐 | 캠 | 상 | 킹 | 빈 | 도 | 속 |
| 술 | 진 | 임 | 퍼 | 임 | 밀 | 입 | 자 | 휴 | 투 | 대 | 농 | 서 | 원 | 임 |
| 춤 | 동 | 핑 | 권 | 심 | 도 | 동 | 야 | 다 | 활 | 성 | 렵 | 독 | 여 | 킹 |
| 식 | 권 | 캠 | 시 | 스 | 킹 | 캠 | 투 | 이 | 가 | 핑 | 서 | 원 | 편 | 여 |
| 사 | 심 | 도 | 마 | 편 | 원 | 이 | 원 | 춤 | 원 | 여 | 하 | 게 | 수 | 독 |
| 캠 | 권 | 구 | 공 | 구 | 구 | 하 | 즐 | 재 | 자 | 예 | 편 | 시 | 하 | 츠 |
| 그 | 활 | 임 | 공 | 진 | 편 | 진 | 기 | 원 | 수 | 식 | 게 | 캠 | 혼 | 핑 |
| 가 | 독 | 구 | 서 | 림 | 예 | 서 | 원 | 원 | 법 | 화 | 학 | 역 | 돈 | 낚 |

| | |
|---|---|
| 가속 | 질량 |
| 원자 | 역학 |
| 혼돈 | 분자 |
| 밀도 | 엔진 |
| 전자 | 입자 |
| 수식 | 화학 |
| 빈도 | 상대성 |
| 가스 | 변수 |
| 중력 | 속도 |
| 자기 | |

# 20 - Belleza

| 이 | 캠 | 공 | 색 | 예 | 그 | 유 | 서 | 심 | 투 | 수 | 핑 | 킹 | 재 | 츠 |
|---|---|---|---|---|---|---|---|---|---|---|---|---|---|---|
| 봉 | 기 | 수 | 츠 | 은 | 혜 | 도 | 화 | 샴 | 푸 | 핑 | 가 | 가 | 위 | 여 |
| 시 | 렵 | 가 | 공 | 사 | 편 | 투 | 동 | 다 | 도 | 거 | 울 | 임 | 야 | 가 |
| 심 | 독 | 봉 | 재 | 진 | 예 | 포 | 하 | 서 | 그 | 재 | 츠 | 권 | 구 | 술 |
| 핑 | 핑 | 술 | 재 | 술 | 시 | 도 | 즐 | 뼘 | 투 | 춤 | 킹 | 사 | 권 | 렵 |
| 다 | 도 | 구 | 심 | 사 | 농 | 마 | 도 | 가 | 투 | 뼘 | 게 | 여 | 봉 | 독 |
| 하 | 여 | 마 | 렵 | 권 | 구 | 여 | 물 | 하 | 이 | 킹 | 동 | 력 | 낚 | 스 |
| 물 | 봉 | 편 | 킹 | 심 | 그 | 즐 | 투 | 림 | 가 | 즐 | 그 | 매 | 다 | 공 |
| 스 | 투 | 다 | 기 | 야 | 피 | 부 | 서 | 농 | 우 | 독 | 즐 | 끄 | 재 | 캠 |
| 문 | 활 | 편 | 법 | 기 | 기 | 도 | 비 | 예 | 구 | 아 | 렵 | 러 | 마 | 원 |
| 장 | 캠 | 춤 | 임 | 야 | 핑 | 틱 | 스 | 립 | 원 | 우 | 한 | 운 | 스 | 활 |
| 가 | 이 | 구 | 활 | 퍼 | 심 | 농 | 수 | 기 | 킹 | 킹 | 퍼 | 공 | 카 | 임 |
| 공 | 식 | 활 | 향 | 관 | 킹 | 투 | 동 | 핑 | 수 | 가 | 관 | 재 | 라 | 게 |
| 서 | 도 | 제 | 기 | 퍼 | 휴 | 예 | 포 | 토 | 제 | 닉 | 그 | 기 | 농 | 사 |
| 재 | 재 | 품 | 장 | 화 | 심 | 술 | 마 | 시 | 활 | 수 | 식 | 물 | 식 | 예 |

| | |
|---|---|
| 유화 | 향기 |
| 샴푸 | 은혜 |
| 화장품 | 피부 |
| 우아 | 립스틱 |
| 우아한 | 제품 |
| 매력 | 마스카라 |
| 거울 | 서비스 |
| 문장가 | 매끄러운 |
| 포토제닉 | 가위 |

# 21 - Países #1

| | | | | | | | | | | | | | |
|---|---|---|---|---|---|---|---|---|---|---|---|---|---|
| 퍼 | 예 | 식 | 봉 | 퍼 | 노 | 재 | 시 | 모 | 킹 | 다 | 퍼 | 그 | 활 | 여 |
| 진 | 관 | 휴 | 말 | 진 | 편 | 르 | 이 | 로 | 봉 | 휴 | 수 | 식 | 편 | 하 |
| 동 | 야 | 관 | 리 | 포 | 핑 | 심 | 웨 | 코 | 수 | 물 | 진 | 법 | 식 | 재 |
| 법 | 낚 | 임 | 휴 | 물 | 서 | 트 | 집 | 이 | 스 | 라 | 두 | 온 | 스 | 기 |
| 권 | 도 | 동 | 브 | 라 | 질 | 가 | 권 | 마 | 페 | 폴 | 휴 | 포 | 인 | 야 |
| 아 | 르 | 헨 | 티 | 나 | 포 | 렵 | 렵 | 수 | 인 | 법 | 란 | 기 | 도 | 캐 |
| 리 | 구 | 봉 | 물 | 농 | 이 | 게 | 그 | 야 | 핑 | 진 | 권 | 드 | 핑 | 나 |
| 탈 | 원 | 핑 | 캠 | 이 | 진 | 독 | 일 | 권 | 봉 | 킹 | 권 | 츠 | 야 | 다 |
| 이 | 구 | 그 | 리 | 비 | 아 | 니 | 카 | 라 | 과 | 기 | 가 | 림 | 서 | 낚 |
| 편 | 물 | 활 | 그 | 수 | 에 | 기 | 벨 | 필 | 농 | 다 | 재 | 법 | 사 | 심 |
| 시 | 권 | 야 | 다 | 물 | 콰 | 마 | 재 | 스 | 리 | 베 | 네 | 수 | 엘 | 라 |
| 그 | 휴 | 심 | 법 | 게 | 도 | 즐 | 동 | 농 | 파 | 핀 | 그 | 심 | 쁨 | 서 |
| 다 | 춤 | 구 | 낚 | 마 | 르 | 캠 | 독 | 휴 | 나 | 예 | 킹 | 재 | 사 | 심 |
| 구 | 휴 | 농 | 다 | 구 | 도 | 공 | 즐 | 휴 | 마 | 시 | 사 | 동 | 구 | 재 |
| 포 | 이 | 활 | 물 | 심 | 야 | 퍼 | 사 | 동 | 캠 | 서 | 여 | 심 | 재 | 동 |

| | |
|---|---|
| 독일 | 인도 |
| 아르헨티나 | 이탈리아 |
| 벨기에 | 리비아 |
| 브라질 | 말리 |
| 캐나다 | 모로코 |
| 에콰도르 | 니카라과 |
| 이집트 | 노르웨이 |
| 스페인 | 파나마 |
| 필리핀 | 폴란드 |
| 온두라스 | 베네수엘라 |

# 22 - Mitología

| 게 | 사 | 즐 | 구 | 동 | 시 | 미 | 캠 | 투 | 편 | 츠 | 영 | 웅 | 시 | 재 |
| 구 | 술 | 춤 | 봉 | 야 | 포 | 궁 | 여 | 서 | 진 | 기 | 가 | 야 | 그 | 농 |
| 즐 | 게 | 그 | 그 | 도 | 원 | 괴 | 즐 | 법 | 식 | 춤 | 퍼 | 봉 | 투 | 진 |
| 편 | 복 | 시 | 기 | 물 | 임 | 물 | 원 | 공 | 마 | 권 | 도 | 츠 | 게 | 진 |
| 법 | 수 | 퍼 | 행 | 진 | 념 | 생 | 구 | 재 | 렵 | 예 | 마 | 스 | 편 | 츠 |
| 원 | 형 | 식 | 농 | 동 | 신 | 물 | 도 | 관 | 스 | 활 | 공 | 도 | 야 | 야 |
| 킹 | 심 | 다 | 캠 | 퍼 | 이 | 재 | 낚 | 하 | 물 | 퍼 | 야 | 뽐 | 낚 | 문 |
| 포 | 시 | 임 | 츠 | 물 | 포 | 핑 | 진 | 식 | 식 | 퍼 | 킹 | 춤 | 식 | 화 |
| 둥 | 천 | 국 | 퍼 | 농 | 권 | 재 | 킹 | 독 | 게 | 이 | 진 | 포 | 공 | 핑 |
| 킹 | 수 | 그 | 투 | 시 | 야 | 하 | 구 | 마 | 뽐 | 식 | 원 | 뽐 | 캠 | 봉 |
| 서 | 기 | 임 | 심 | 관 | 공 | 동 | 마 | 수 | 마 | 야 | 창 | 조 | 림 | 권 |
| 설 | 전 | 사 | 불 | 투 | 림 | 진 | 심 | 힘 | 번 | 휴 | 관 | 그 | 휴 | 동 |
| 봉 | 림 | 식 | 동 | 원 | 원 | 활 | 낚 | 질 | 개 | 즐 | 공 | 재 | 하 | 야 |
| 가 | 퍼 | 렵 | 여 | 식 | 농 | 이 | 봉 | 투 | 게 | 여 | 킹 | 킹 | 해 | 킹 |
| 권 | 농 | 핑 | 심 | 마 | 하 | 가 | 핑 | 즐 | 봉 | 퍼 | 술 | 수 | 야 | 식 |

원형
질투
천국
행동
창조
신념
생물
문화
재해

전사
영웅
불사
미궁
전설
괴물
번개
천둥
복수

# 23 - Ecología

| 활 | 편 | 가 | 뭄 | 수 | 독 | 춤 | 가 | 지 | 즐 | 춤 | 심 | 스 | 재 | 산 |
|---|---|---|---|---|---|---|---|---|---|---|---|---|---|---|
| 편 | 농 | 사 | 관 | 시 | 식 | 핑 | 핑 | 속 | 낚 | 기 | 후 | 킹 | 하 | 시 |
| 서 | 즐 | 도 | 권 | 낚 | 봉 | 즐 | 기 | 가 | 가 | 동 | 법 | 게 | 진 | 플 |
| 림 | 관 | 진 | 진 | 낚 | 낚 | 포 | 재 | 능 | 서 | 사 | 게 | 임 | 여 | 로 |
| 심 | 식 | 구 | 활 | 그 | 사 | 게 | 휴 | 한 | 임 | 식 | 종 | 커 | 진 | 라 |
| 활 | 핑 | 그 | 마 | 렵 | 즐 | 게 | 이 | 심 | 사 | 게 | 지 | 뮤 | 식 | 술 |
| 글 | 사 | 다 | 양 | 성 | 여 | 여 | 활 | 공 | 사 | 사 | 수 | 니 | 가 | 포 |
| 로 | 여 | 자 | 자 | 식 | 캠 | 식 | 기 | 종 | 농 | 기 | 수 | 티 | 물 | 관 |
| 벌 | 투 | 원 | 연 | 렵 | 마 | 캠 | 쁨 | 스 | 류 | 초 | 목 | 낚 | 진 | 예 |
| 봉 | 스 | 원 | 자 | 기 | 춤 | 마 | 법 | 핑 | 사 | 핑 | 렵 | 봉 | 하 | 법 |
| 게 | 핑 | 휴 | 연 | 킹 | 농 | 림 | 렵 | 식 | 핑 | 습 | 휴 | 심 | 쁨 | 군 |
| 캠 | 투 | 편 | 스 | 렵 | 킹 | 원 | 스 | 게 | 즐 | 활 | 지 | 임 | 식 | 물 |
| 춤 | 야 | 원 | 러 | 예 | 포 | 게 | 원 | 예 | 그 | 즐 | 스 | 킹 | 투 | 동 |
| 구 | 마 | 임 | 운 | 활 | 식 | 동 | 식 | 마 | 임 | 마 | 여 | 림 | 쁨 | 캠 |
| 생 | 존 | 식 | 예 | 다 | 핑 | 스 | 시 | 포 | 술 | 사 | 퍼 | 선 | 박 | 여 |

| | |
|---|---|
| 기후 | 자연 |
| 커뮤니티 | 습지 |
| 다양성 | 식물 |
| 동물군 | 자원 |
| 플로라 | 가뭄 |
| 글로벌 | 지속 가능한 |
| 서식지 | 생존 |
| 선박 | 종류 |
| 자연스러운 | 초목 |

# 24 - Casa

| 활 | 동 | 림 | 스 | 림 | 핑 | 렵 | 림 | 최 | 차 | 재 | 렵 | 권 | 독 | 사 |
|---|---|---|---|---|---|---|---|---|---|---|---|---|---|---|
| 울 | 타 | 리 | 수 | 난 | 로 | 마 | 봉 | 하 | 수 | 고 | 수 | 진 | 애 | 틱 |
| 휴 | 춤 | 관 | 서 | 도 | 핑 | 법 | 수 | 부 | 여 | 즐 | 진 | 공 | 퍼 | 림 |
| 원 | 도 | 구 | 시 | 관 | 꼭 | 붕 | 관 | 물 | 샤 | 워 | 물 | 법 | 사 | 춤 |
| 기 | 법 | 다 | 야 | 게 | 이 | 지 | 춤 | 시 | 캠 | 식 | 낚 | 춤 | 깔 | 개 |
| 법 | 봉 | 하 | 여 | 즐 | 예 | 공 | 다 | 비 | 농 | 퍼 | 다 | 그 | 하 | 캠 |
| 마 | 벽 | 캠 | 공 | 렵 | 츠 | 봉 | 시 | 진 | 법 | 그 | 그 | 정 | 원 | 물 |
| 원 | 사 | 편 | 권 | 기 | 봉 | 도 | 농 | 심 | 심 | 예 | 야 | 식 | 렵 | 심 |
| 사 | 게 | 투 | 법 | 편 | 기 | 낚 | 식 | 도 | 캠 | 독 | 구 | 렵 | 투 | 농 |
| 하 | 서 | 농 | 원 | 포 | 서 | 그 | 다 | 캠 | 시 | 여 | 수 | 퍼 | 예 | 권 |
| 원 | 림 | 법 | 부 | 램 | 프 | 사 | 식 | 관 | 그 | 활 | 예 | 침 | 봉 | 도 |
| 기 | 수 | 야 | 엌 | 농 | 구 | 서 | 권 | 물 | 예 | 심 | 투 | 실 | 법 | 가 |
| 뺌 | 츠 | 임 | 농 | 거 | 렵 | 투 | 이 | 가 | 뺌 | 춤 | 봉 | 공 | 문 | 관 |
| 농 | 게 | 그 | 서 | 독 | 울 | 스 | 편 | 식 | 예 | 게 | 예 | 예 | 이 | 서 |
| 심 | 게 | 바 | 닥 | 창 | 다 | 림 | 하 | 캠 | 동 | 휴 | 야 | 춤 | 기 | 퍼 |

| | |
|---|---|
| 깔개 | 차고 |
| 애틱 | 수도꼭지 |
| 도서관 | 정원 |
| 난로 | 램프 |
| 부엌 | 바닥 |
| 침실 | 최하부 |
| 샤워 | 지붕 |
| 거울 | 울타리 |

# 25 - Artes Visuales

| 렵 | 물 | 핑 | 조 | 이 | 킹 | 법 | 재 | 원 | 점 | 스 | 가 | 낚 | 이 | 여 |
|---|---|---|---|---|---|---|---|---|---|---|---|---|---|---|
| 물 | 여 | 휴 | 각 | 술 | 활 | 하 | 이 | 활 | 토 | 포 | 구 | 원 | 마 | 편 |
| 진 | 가 | 캠 | 킹 | 핑 | 기 | 낚 | 바 | 스 | 기 | 시 | 포 | 재 | 퍼 | 물 |
| 뻠 | 퍼 | 퍼 | 춤 | 렵 | 재 | 독 | 니 | 핑 | 텐 | 포 | 여 | 퍼 | 임 | 구 |
| 포 | 낚 | 공 | 마 | 법 | 봉 | 식 | 시 | 츠 | 권 | 실 | 킹 | 게 | 마 | 사 |
| 그 | 공 | 포 | 원 | 술 | 권 | 농 | 림 | 기 | 기 | 수 | 독 | 림 | 물 | 봉 |
| 사 | 관 | 서 | 동 | 심 | 도 | 연 | 춤 | 식 | 다 | 마 | 즐 | 수 | 투 | 야 |
| 진 | 진 | 즐 | 관 | 여 | 기 | 필 | 분 | 농 | 원 | 림 | 게 | 진 | 포 | 독 |
| 이 | 렵 | 임 | 그 | 재 | 봉 | 투 | 관 | 투 | 가 | 게 | 이 | 스 | 편 | 하 |
| 화 | 재 | 공 | 렵 | 림 | 하 | 다 | 동 | 다 | 농 | 하 | 츠 | 핑 | 기 | 게 |
| 가 | 관 | 임 | 춤 | 공 | 낚 | 퍼 | 재 | 봉 | 법 | 물 | 독 | 츠 | 렵 | 술 |
| 술 | 점 | 숯 | 구 | 도 | 밀 | 건 | 가 | 구 | 핑 | 뻠 | 게 | 초 | 펜 | 퍼 |
| 예 | 여 | 물 | 츠 | 필 | 랍 | 축 | 걸 | 성 | 의 | 창 | 동 | 상 | 진 | 독 |
| 원 | 관 | 킹 | 하 | 름 | 농 | 학 | 서 | 작 | 도 | 기 | 렵 | 화 | 춤 | 휴 |
| 수 | 핑 | 공 | 춤 | 기 | 여 | 원 | 즐 | 기 | 독 | 농 | 심 | 예 | 야 | 물 |

| | |
|---|---|
| 점토 | 조각 |
| 건축학 | 사진 |
| 예술가 | 연필 |
| 바니시 | 걸작 |
| 화가 | 필름 |
| 밀랍 | 관점 |
| 도기 | 스텐실 |
| 구성 | 초상화 |
| 창의성 | 분필 |

# 26 - Salud y Bienestar #2

사 봉 스 트 레 스 독 야 편 킹 포 술 포 킹 사
가 쁨 하 투 어 스 시 독 기 무 게 원 재 예 여
림 서 그 수 시 이 게 회 독 투 재 공 도 비 봉
낚 렵 진 활 에 알 다 복 투 영 칼 림 임 타 하
법 재 농 재 너 레 수 권 즐 양 로 킹 여 민 원
구 식 욕 하 지 르 킹 건 수 공 리 낚 야 투 쁨
병 심 마 사 지 기 춤 강 렵 기 관 그 해 부 여
원 피 봉 여 술 독 퍼 한 즐 림 포 권 재 감 염
재 휴 활 원 법 심 가 법 임 스 마 스 임 사 예
다 농 스 공 시 낚 림 원 포 춤 임 즐 식 진 게
즐 물 심 렵 심 춤 권 사 츠 휴 포 도 공 독 투
투 원 게 진 퍼 소 휴 휴 서 휴 술 게 가 낚 도
이 위 즐 서 권 활 화 유 춤 캠 편 츠 동 투 동
법 권 생 질 병 관 수 전 도 물 법 츠 낚 다 가
낚 구 물 권 서 쁨 서 학 낚 쁨 재 킹 진 핑 공

| | |
|---|---|
| 알레르기 | 위생 |
| 해부 | 병원 |
| 식욕 | 감염 |
| 칼로리 | 마사지 |
| 다이어트 | 영양 |
| 소화 | 무게 |
| 에너지 | 회복 |
| 질병 | 건강한 |
| 스트레스 | 비타민 |
| 유전학 | |

# 27 - Selva Tropical

| 시 | 관 | 여 | 다 | 양 | 성 | 기 | 캠 | 가 | 게 | 법 | 다 | 포 | 뽐 | 캠 |
|---|---|---|---|---|---|---|---|---|---|---|---|---|---|---|
| 퍼 | 구 | 밀 | 림 | 생 | 임 | 후 | 서 | 동 | 휴 | 예 | 킹 | 뽐 | 낚 | 휴 |
| 캠 | 름 | 식 | 하 | 양 | 존 | 보 | 휴 | 농 | 스 | 심 | 낚 | 이 | 활 | 도 |
| 농 | 농 | 물 | 시 | 서 | 종 | 커 | 뮤 | 니 | 티 | 퍼 | 츠 | 끼 | 포 | 법 |
| 심 | 낚 | 진 | 독 | 류 | 춤 | 사 | 춤 | 포 | 피 | 난 | 원 | 수 | 유 | 봉 |
| 권 | 공 | 편 | 핑 | 독 | 관 | 이 | 여 | 춤 | 도 | 독 | 공 | 뽐 | 류 | 자 |
| 귀 | 스 | 렵 | 투 | 휴 | 서 | 공 | 복 | 구 | 여 | 그 | 츠 | 가 | 관 | 연 |
| 중 | 권 | 곤 | 서 | 농 | 활 | 수 | 야 | 사 | 마 | 진 | 동 | 편 | 캠 | 림 |
| 한 | 활 | 충 | 게 | 그 | 존 | 구 | 게 | 서 | 편 | 즐 | 캠 | 농 | 야 | 봉 |
| 편 | 심 | 공 | 공 | 포 | 원 | 중 | 도 | 기 | 핑 | 공 | 투 | 편 | 하 | 공 |
| 원 | 퍼 | 시 | 법 | 기 | 심 | 이 | 사 | 서 | 마 | 림 | 림 | 렵 | 공 | 핑 |
| 퍼 | 야 | 재 | 캠 | 게 | 야 | 마 | 이 | 심 | 서 | 식 | 렵 | 편 | 마 | 야 |
| 원 | 공 | 뽐 | 핑 | 가 | 식 | 가 | 마 | 이 | 마 | 마 | 동 | 뽐 | 기 | 그 |
| 조 | 이 | 구 | 권 | 림 | 심 | 임 | 낚 | 심 | 핑 | 임 | 서 | 심 | 봉 | 재 |
| 츠 | 류 | 캠 | 츠 | 야 | 포 | 하 | 물 | 농 | 하 | 뽐 | 이 | 시 | 관 | 마 |

양서류  구름
식물  조류
기후  보존
커뮤니티  피난
다양성  존중
곤충  복구
포유류  밀림
이끼  생존
자연  귀중한

# 28 - Colores

| | | | | | | | | | | | | | | | | |
|---|---|---|---|---|---|---|---|---|---|---|---|---|---|---|---|---|
| 술 | 스 | 퍼 | 재 | 그 | 시 | 스 | 녹 | 시 | 농 | 츠 | 시 | 세 | 퍼 | 활 |
| 야 | 기 | 봉 | 도 | 동 | 퍼 | 스 | 색 | 갈 | 춤 | 독 | 물 | 피 | 스 | 봉 |
| 동 | 츠 | 휴 | 그 | 농 | 봉 | 농 | 라 | 얀 | 게 | 활 | 수 | 아 | 농 | 포 |
| 재 | 식 | 다 | 캠 | 이 | 기 | 휴 | 보 | 하 | 투 | 편 | 봉 | 춤 | 식 | 진 |
| 권 | 캠 | 재 | 다 | 물 | 야 | 관 | 스 | 다 | 늘 | 마 | 킹 | 핑 | 뿜 | 다 |
| 캠 | 하 | 여 | 다 | 림 | 즐 | 투 | 킹 | 하 | 즐 | 빛 | 재 | 츠 | 도 | 독 |
| 츠 | 심 | 게 | 독 | 투 | 권 | 다 | 식 | 춤 | 게 | 림 | 남 | 편 | 그 | 활 |
| 봉 | 원 | 퍼 | 투 | 뿜 | 기 | 독 | 독 | 권 | 봉 | 진 | 핑 | 기 | 기 | 재 |
| 도 | 시 | 진 | 봉 | 퍼 | 투 | 진 | 회 | 색 | 킹 | 진 | 도 | 즐 | 활 | 이 |
| 예 | 원 | 편 | 공 | 춤 | 루 | 권 | 가 | 동 | 활 | 봉 | 분 | 게 | 여 | 다 |
| 빨 | 간 | 색 | 낚 | 편 | 블 | 랙 | 심 | 마 | 젠 | 타 | 홍 | 오 | 렌 | 지 |
| 자 | 홍 | 색 | 공 | 구 | 수 | 렵 | 투 | 캠 | 활 | 다 | 기 | 야 | 캠 | 이 |
| 게 | 노 | 농 | 도 | 야 | 권 | 바 | 이 | 올 | 렛 | 술 | 편 | 진 | 독 | 베 |
| 심 | 란 | 여 | 농 | 퍼 | 공 | 휴 | 도 | 심 | 관 | 렵 | 퍼 | 시 | 봉 | 낚 |
| 구 | 색 | 여 | 시 | 관 | 뿜 | 킹 | 캠 | 임 | 편 | 가 | 원 | 구 | 안 | 이 |

| | |
|---|---|
| 노란색 | 갈색 |
| 블루 | 오렌지 |
| 하늘빛 | 블랙 |
| 베이지 | 보라색 |
| 하얀 | 빨간색 |
| 시안 | 분홍 |
| 자홍색 | 세피아 |
| 회색 | 녹색 |
| 남빛 | 바이올렛 |
| 마젠타 | |

# 29 - Adjetivos #1

| 중 | 요 | 관 | 사 | 서 | 핑 | 렵 | 휴 | 퍼 | 포 | 수 | 술 | 봉 | 투 | 춤 |
|---|---|---|---|---|---|---|---|---|---|---|---|---|---|---|
| 서 | 식 | 물 | 대 | 낚 | 구 | 구 | 독 | 물 | 가 | 낚 | 여 | 이 | 진 | 춤 |
| 동 | 활 | 게 | 진 | 한 | 수 | 순 | 킹 | 물 | 이 | 퍼 | 핑 | 게 | 동 | 뿜 |
| 게 | 캠 | 뿜 | 농 | 벽 | 야 | 가 | 춤 | 스 | 스 | 여 | 투 | 낚 | 공 | 법 |
| 스 | 편 | 물 | 임 | 완 | 하 | 재 | 식 | 술 | 기 | 현 | 포 | 공 | 활 | 마 |
| 법 | 츠 | 캠 | 즐 | 원 | 공 | 하 | 즐 | 뿜 | 봉 | 대 | 림 | 이 | 투 | 공 |
| 휴 | 킹 | 림 | 동 | 동 | 물 | 식 | 기 | 매 | 력 | 적 | 인 | 적 | 동 | 활 |
| 포 | 임 | 스 | 권 | 원 | 츠 | 진 | 편 | 재 | 거 | 정 | 방 | 봉 | 츠 | 투 |
| 기 | 권 | 밝 | 은 | 순 | 진 | 한 | 대 | 거 | 창 | 직 | 식 | 향 | 식 | 서 |
| 캠 | 츠 | 포 | 낚 | 기 | 느 | 야 | 권 | 이 | 한 | 한 | 각 | 심 | 족 | 뿜 |
| 활 | 이 | 캠 | 봉 | 예 | 림 | 린 | 휴 | 큰 | 중 | 야 | 활 | 스 | 츠 | 킹 |
| 츠 | 심 | 도 | 게 | 활 | 휴 | 사 | 활 | 가 | 귀 | 봉 | 그 | 봉 | 킹 | 투 |
| 진 | 구 | 물 | 게 | 수 | 츠 | 무 | 거 | 운 | 두 | 어 | 뿜 | 술 | 포 | 킹 |
| 어 | 관 | 다 | 독 | 킹 | 임 | 서 | 농 | 권 | 야 | 사 | 낚 | 여 | 휴 | 권 |
| 린 | 기 | 춤 | 법 | 이 | 춤 | 게 | 휴 | 원 | 마 | 공 | 투 | 스 | 물 | 봉 |

| | |
|---|---|
| 순수한 | 순진한 |
| 활동적인 | 어린 |
| 거창한 | 느린 |
| 방향족 | 현대 |
| 매력적인 | 어두운 |
| 밝은 | 완벽한 |
| 거대한 | 무거운 |
| 관대 한 | 심각한 |
| 정직한 | 귀중한 |
| 중요 | |

# 30 - Familia

| 사 | 남 | 편 | 관 | 림 | 물 | 봉 | 임 | 다 | 하 | 활 | 봉 | 관 | 그 | 진 |
|---|---|---|---|---|---|---|---|---|---|---|---|---|---|---|
| 촌 | 삼 | 농 | 렵 | 농 | 다 | 도 | 수 | 조 | 도 | 법 | 농 | 봉 | 시 | 술 |
| 모 | 예 | 원 | 심 | 원 | 핑 | 진 | 딸 | 카 | 조 | 어 | 린 | 시 | 절 | 권 |
| 이 | 성 | 츠 | 시 | 투 | 술 | 예 | 봉 | 예 | 렵 | 시 | 시 | 츠 | 활 | 사 |
| 츠 | 술 | 기 | 어 | 독 | 손 | 퍼 | 렵 | 공 | 동 | 렵 | 여 | 기 | 그 | 심 |
| 포 | 독 | 다 | 진 | 머 | 자 | 동 | 권 | 게 | 편 | 퍼 | 사 | 권 | 서 | 봉 |
| 낚 | 투 | 다 | 야 | 수 | 니 | 캠 | 봉 | 식 | 서 | 가 | 어 | 린 | 이 | 술 |
| 즐 | 진 | 독 | 여 | 농 | 법 | 자 | 독 | 렵 | 핑 | 서 | 권 | 사 | 렵 | 진 |
| 낚 | 농 | 재 | 다 | 지 | 시 | 매 | 게 | 즐 | 투 | 포 | 낚 | 춤 | 동 | 물 |
| 공 | 림 | 휴 | 지 | 버 | 아 | 할 | 술 | 예 | 할 | 머 | 니 | 게 | 심 | 구 |
| 편 | 원 | 휴 | 마 | 아 | 춤 | 즐 | 진 | 퍼 | 도 | 임 | 림 | 쁨 | 이 | 형 |
| 선 | 조 | 낚 | 공 | 활 | 내 | 재 | 그 | 이 | 구 | 서 | 휴 | 법 | 킹 | 야 |
| 핑 | 림 | 식 | 킹 | 예 | 스 | 아 | 이 | 시 | 투 | 즐 | 서 | 퍼 | 캠 | 가 |
| 캠 | 마 | 도 | 이 | 휴 | 권 | 림 | 심 | 낚 | 투 | 편 | 서 | 스 | 림 | 농 |
| 여 | 낚 | 즐 | 독 | 편 | 술 | 핑 | 예 | 스 | 관 | 다 | 심 | 심 | 즐 | 진 |

| | |
|---|---|
| 할머니 | 손자 |
| 할아버지 | 아이 |
| 선조 | 어린이 |
| 아내 | 아버지 |
| 자매 | 사촌 |
| 어린 시절 | 조카딸 |
| 어머니 | 조카 |
| 남편 | 이모 |
| 모성 | 삼촌 |

# 31 - Disciplinas Científicas

| 임 | 재 | 원 | 캠 | 킹 | 가 | 편 | 즐 | 농 | 서 | 동 | 가 | 수 | 편 | 예 |
|---|---|---|---|---|---|---|---|---|---|---|---|---|---|---|
| 식 | 시 | 기 | 도 | 마 | 생 | 킹 | 가 | 포 | 춤 | 도 | 진 | 공 | 진 | 림 |
| 사 | 스 | 가 | 춤 | 물 | 리 | 사 | 이 | 렵 | 이 | 츠 | 렵 | 법 | 권 | 춤 |
| 뺨 | 즐 | 즐 | 임 | 편 | 학 | 화 | 생 | 재 | 기 | 구 | 농 | 핑 | 독 | 신 |
| 가 | 휴 | 농 | 도 | 투 | 물 | 서 | 관 | 스 | 공 | 마 | 구 | 그 | 수 | 경 |
| 츠 | 활 | 스 | 편 | 구 | 생 | 휴 | 휴 | 투 | 관 | 수 | 시 | 언 | 여 | 학 |
| 심 | 렵 | 즐 | 봉 | 농 | 가 | 야 | 사 | 물 | 권 | 퍼 | 렵 | 하 | 어 | 수 |
| 공 | 해 | 다 | 독 | 스 | 뺨 | 휴 | 공 | 렵 | 렵 | 사 | 투 | 게 | 활 | 학 |
| 시 | 수 | 부 | 면 | 역 | 학 | 태 | 생 | 서 | 공 | 사 | 서 | 술 | 림 | 리 |
| 관 | 퍼 | 활 | 시 | 활 | 활 | 춤 | 야 | 농 | 렵 | 여 | 춤 | 진 | 기 | 심 |
| 열 | 역 | 학 | 질 | 지 | 역 | 휴 | 하 | 법 | 즐 | 고 | 고 | 학 | 화 | 물 |
| 수 | 캠 | 물 | 활 | 이 | 학 | 식 | 포 | 서 | 가 | 독 | 핑 | 문 | 서 | 스 |
| 하 | 기 | 광 | 뺨 | 휴 | 회 | 물 | 휴 | 기 | 수 | 즐 | 뺨 | 천 | 기 | 서 |
| 다 | 여 | 편 | 핑 | 가 | 사 | 학 | 물 | 동 | 상 | 캠 | 사 | 그 | 진 | 물 |
| 진 | 독 | 이 | 하 | 법 | 관 | 관 | 낚 | 여 | 법 | 학 | 킹 | 핑 | 춤 | 예 |

| | |
|---|---|
| 해부 | 언어학 |
| 고고학 | 역학 |
| 천문학 | 기상학 |
| 생물학 | 광물학 |
| 생화학 | 신경학 |
| 식물학 | 심리학 |
| 생태학 | 화학 |
| 생리학 | 사회학 |
| 지질학 | 열역학 |
| 면역학 | 동물학 |

# 32 - Cocina

| | | | | | | | | | | | | | |
|---|---|---|---|---|---|---|---|---|---|---|---|---|---|
| 술 | 냅 | 공 | 사 | 물 | 기 | 젓 | 물 | 퍼 | 심 | 그 | 원 | 핑 | 서 | 시 |
| 춤 | 킨 | 스 | 레 | 시 | 피 | 가 | 킹 | 야 | 낚 | 구 | 서 | 림 | 기 | 술 |
| 권 | 냉 | 펀 | 핑 | 임 | 권 | 락 | 권 | 물 | 진 | 기 | 수 | 봉 | 서 | 그 |
| 서 | 동 | 지 | 술 | 수 | 진 | 심 | 림 | 림 | 시 | 권 | 컵 | 임 | 활 | 춤 |
| 농 | 고 | 임 | 여 | 관 | 예 | 관 | 술 | 동 | 그 | 다 | 낚 | 칼 | 렵 | 게 |
| 즐 | 마 | 게 | 봉 | 농 | 룻 | 구 | 하 | 다 | 쁨 | 편 | 독 | 림 | 진 | 마 |
| 낚 | 활 | 물 | 퍼 | 서 | 그 | 핑 | 도 | 동 | 독 | 투 | 게 | 법 | 투 | 시 |
| 독 | 다 | 서 | 편 | 다 | 관 | 릴 | 독 | 캠 | 렵 | 심 | 동 | 킹 | 항 | 숟 |
| 휴 | 춤 | 이 | 주 | 전 | 자 | 봉 | 식 | 봉 | 마 | 포 | 물 | 활 | 아 | 가 |
| 향 | 예 | 수 | 물 | 하 | 포 | 예 | 쁨 | 재 | 원 | 진 | 심 | 권 | 리 | 락 |
| 도 | 신 | 이 | 쁨 | 즐 | 크 | 하 | 림 | 게 | 재 | 예 | 퍼 | 캠 | 기 | 사 |
| 킹 | 권 | 료 | 음 | 식 | 서 | 구 | 시 | 사 | 활 | 공 | 서 | 즐 | 야 | 사 |
| 투 | 독 | 하 | 캠 | 하 | 냉 | 앞 | 도 | 봉 | 기 | 관 | 퍼 | 포 | 기 | 예 |
| 마 | 임 | 이 | 핑 | 렵 | 장 | 치 | 렵 | 캠 | 즐 | 동 | 투 | 오 | 브 | 낚 |
| 농 | 야 | 캠 | 시 | 관 | 고 | 마 | 봉 | 렵 | 술 | 휴 | 이 | 국 | 자 | 이 |

| | |
|---|---|
| 음식 | 젓가락 |
| 냉동고 | 그릴 |
| 숟가락 | 레시피 |
| 국자 | 냉장고 |
| 앞치마 | 냅킨 |
| 향신료 | 항아리 |
| 스펀지 | 그릇 |
| 오븐 | 포크 |
| 주전자 | |

# 33 - Moda

| 관 | 서 | 현 | 킹 | 가 | 활 | 퍼 | 의 | 서 | 낚 | 공 | 렵 | 즐 | 농 | 게 |
| 식 | 킹 | 대 | 편 | 야 | 권 | 춤 | 류 | 법 | 식 | 사 | 춤 | 뽐 | 임 | 즐 |
| 법 | 사 | 하 | 활 | 가 | 술 | 물 | 도 | 림 | 핑 | 시 | 가 | 다 | 동 | 투 |
| 시 | 예 | 야 | 동 | 킹 | 마 | 포 | 편 | 낚 | 다 | 봉 | 낚 | 킹 | 수 | 투 |
| 림 | 퍼 | 원 | 킹 | 춤 | 수 | 야 | 예 | 포 | 핑 | 가 | 예 | 게 | 원 | 원 |
| 실 | 용 | 적 | 인 | 심 | 투 | 예 | 림 | 스 | 진 | 원 | 이 | 하 | 기 | 농 |
| 시 | 퍼 | 투 | 예 | 무 | 동 | 즐 | 물 | 타 | 공 | 본 | 식 | 미 | 술 | 마 |
| 법 | 임 | 퍼 | 야 | 늬 | 기 | 이 | 다 | 일 | 동 | 투 | 봉 | 늬 | 사 | 뽐 |
| 시 | 겸 | 농 | 술 | 포 | 캠 | 휴 | 휴 | 퍼 | 킹 | 측 | 동 | 멀 | 수 | 공 |
| 여 | 렵 | 손 | 재 | 도 | 낚 | 술 | 관 | 렵 | 자 | 진 | 정 | 리 | 서 | 독 |
| 낚 | 이 | 게 | 한 | 아 | 우 | 부 | 티 | 크 | 수 | 농 | 이 | 스 | 이 | 임 |
| 뽐 | 공 | 재 | 교 | 단 | 동 | 재 | 낚 | 편 | 포 | 심 | 심 | 트 | 동 | 권 |
| 게 | 가 | 구 | 정 | 조 | 간 | 레 | 이 | 스 | 법 | 사 | 하 | 마 | 구 | 츠 |
| 렵 | 물 | 캠 | 캠 | 직 | 물 | 게 | 편 | 그 | 포 | 봉 | 물 | 비 | 버 | 관 |
| 핑 | 심 | 경 | 향 | 게 | 렵 | 편 | 림 | 술 | 퍼 | 킹 | 임 | 싼 | 튼 | 투 |

| | |
|---|---|
| 자수 | 겸손한 |
| 버튼 | 원본 |
| 부티크 | 무늬 |
| 비싼 | 실용적인 |
| 우아한 | 의류 |
| 레이스 | 간단한 |
| 스타일 | 정교한 |
| 측정 | 경향 |
| 미니멀리스트 | 조직 |
| 현대 | |

# 34 - Electricidad

| 발 | 시 | 소 | 켓 | 공 | 하 | 하 | 식 | 전 | 구 | 진 | 림 | 동 | 그 | 시 |
| 예 | 전 | 춤 | 배 | 츠 | 시 | 이 | 봉 | 비 | 기 | 야 | 관 | 마 | 권 | 쁨 |
| 야 | 가 | 기 | 터 | 수 | 임 | 여 | 다 | 레 | 서 | 독 | 활 | 법 | 편 | 하 |
| 야 | 독 | 츠 | 리 | 원 | 춤 | 다 | 캠 | 텔 | 림 | 물 | 야 | 춤 | 자 | 도 |
| 관 | 부 | 츠 | 전 | 선 | 활 | 활 | 예 | 램 | 프 | 레 | 다 | 사 | 석 | 킹 |
| 기 | 법 | 정 | 원 | 식 | 권 | 법 | 편 | 술 | 블 | 이 | 케 | 스 | 킹 | 법 |
| 쁨 | 퍼 | 츠 | 적 | 다 | 가 | 편 | 림 | 서 | 심 | 저 | 긍 | 정 | 적 | 인 |
| 물 | 관 | 게 | 다 | 인 | 렵 | 임 | 츠 | 술 | 투 | 서 | 술 | 동 | 공 | 공 |
| 쁨 | 렵 | 여 | 양 | 도 | 이 | 기 | 그 | 물 | 휴 | 춤 | 렵 | 회 | 로 | 망 |
| 가 | 사 | 가 | 츠 | 법 | 진 | 그 | 원 | 동 | 포 | 원 | 수 | 원 | 편 | 독 |
| 퍼 | 스 | 기 | 예 | 즐 | 마 | 법 | 그 | 임 | 쁨 | 활 | 수 | 하 | 예 | 스 |
| 활 | 기 | 캠 | 사 | 기 | 츠 | 저 | 스 | 심 | 서 | 편 | 춤 | 캠 | 식 | 예 |
| 하 | 심 | 활 | 물 | 임 | 비 | 장 | 퍼 | 림 | 권 | 독 | 전 | 화 | 봉 | 기 |
| 물 | 포 | 권 | 츠 | 원 | 임 | 법 | 원 | 하 | 춤 | 시 | 전 | 공 | 포 | 기 |
| 하 | 술 | 림 | 야 | 이 | 예 | 게 | 투 | 쁨 | 휴 | 편 | 이 | 포 | 기 | 식 |

| | |
|---|---|
| 저장 | 자석 |
| 배터리 | 램프 |
| 케이블 | 레이저 |
| 전선 | 부정적인 |
| 전공 | 사물 |
| 전기 | 긍정적 인 |
| 소켓 | 회로망 |
| 장비 | 텔레비전 |
| 발전기 | 전화 |

# 35 - Salud y Bienestar #1

| 핑 | 기 | 스 | 진 | 킹 | 킹 | 의 | 봉 | 활 | 기 | 림 | 심 | 술 | 물 | 다 |
|---|---|---|---|---|---|---|---|---|---|---|---|---|---|---|
| 투 | 즐 | 굶 | 료 | 치 | 식 | 퍼 | 사 | 동 | 요 | 쁨 | 츠 | 야 | 춤 | 편 |
| 낚 | 농 | 주 | 소 | 수 | 반 | 사 | 포 | 적 | 법 | 임 | 편 | 예 | 농 | 심 |
| 게 | 구 | 림 | 바 | 이 | 러 | 스 | 시 | 인 | 쁨 | 구 | 심 | 낚 | 야 | 핑 |
| 야 | 하 | 렵 | 휴 | 낚 | 봉 | 봉 | 게 | 마 | 심 | 이 | 림 | 낚 | 다 | 도 |
| 공 | 피 | 부 | 습 | 야 | 독 | 가 | 물 | 도 | 심 | 마 | 기 | 활 | 심 | 법 |
| 재 | 킹 | 재 | 휴 | 관 | 관 | 마 | 식 | 봉 | 다 | 츠 | 핑 | 편 | 휴 | 마 |
| 캠 | 활 | 구 | 식 | 서 | 기 | 봉 | 캠 | 농 | 도 | 법 | 활 | 퍼 | 약 | 퍼 |
| 물 | 투 | 가 | 자 | 휴 | 독 | 휴 | 재 | 하 | 활 | 뼈 | 야 | 서 | 활 | 국 |
| 재 | 봉 | 렵 | 세 | 다 | 게 | 캠 | 여 | 호 | 투 | 투 | 심 | 핑 | 가 | 재 |
| 다 | 시 | 수 | 술 | 박 | 테 | 리 | 아 | 르 | 즐 | 재 | 식 | 독 | 포 | 수 |
| 스 | 마 | 공 | 렵 | 키 | 즐 | 투 | 원 | 몬 | 캠 | 공 | 시 | 서 | 포 | 활 |
| 즐 | 권 | 야 | 여 | 그 | 독 | 즐 | 캠 | 야 | 활 | 투 | 독 | 림 | 물 | 퍼 |
| 킹 | 예 | 권 | 골 | 절 | 킹 | 농 | 여 | 법 | 여 | 도 | 즐 | 재 | 근 | 다 |
| 서 | 렵 | 권 | 이 | 핑 | 춤 | 낚 | 기 | 쁨 | 봉 | 킹 | 게 | 다 | 육 | 춤 |

| | |
|---|---|
| 활동적인 | 근육 |
| 박테리아 | 피부 |
| 진료소 | 자세 |
| 의사 | 반사 |
| 약국 | 휴식 |
| 골절 | 요법 |
| 굶주림 | 치료 |
| 습관 | 바이러스 |
| 호르몬 | |

# 36 - Adjetivos #2

| 캠 | 심 | 야 | 다 | 물 | 하 | 낚 | 독 | 심 | 편 | 퍼 | 농 | 기 | 이 | 피 |
|---|---|---|---|---|---|---|---|---|---|---|---|---|---|---|
| 우 | 아 | 한 | 자 | 연 | 스 | 러 | 운 | 매 | 휴 | 야 | 뽐 | 하 | 춤 | 곤 |
| 자 | 랑 | 스 | 러 | 운 | 짠 | 식 | 용 | 유 | 권 | 림 | 동 | 투 | 하 | 한 |
| 사 | 활 | 휴 | 포 | 정 | 상 | 여 | 공 | 명 | 이 | 낚 | 그 | 건 | 강 | 한 |
| 재 | 포 | 사 | 킹 | 편 | 휴 | 다 | 강 | 한 | 구 | 즐 | 예 | 뽐 | 동 | 봉 |
| 투 | 즐 | 그 | 야 | 농 | 마 | 원 | 한 | 즐 | 휴 | 동 | 사 | 기 | 진 | 물 |
| 법 | 수 | 원 | 하 | 춤 | 마 | 심 | 포 | 편 | 생 | 산 | 적 | 인 | 적 | 극 |
| 수 | 진 | 게 | 법 | 낚 | 동 | 츠 | 구 | 킹 | 임 | 진 | 동 | 조 | 핑 | 이 |
| 림 | 게 | 재 | 구 | 새 | 로 | 운 | 포 | 캠 | 신 | 스 | 활 | 즐 | 창 | 스 |
| 킹 | 여 | 진 | 물 | 포 | 마 | 마 | 법 | 편 | 공 | 선 | 원 | 게 | 킹 | 독 |
| 다 | 설 | 핑 | 뽐 | 츠 | 예 | 른 | 도 | 심 | 다 | 사 | 한 | 물 | 동 | 즐 |
| 캠 | 명 | 관 | 진 | 책 | 임 | 그 | 봉 | 진 | 수 | 야 | 관 | 게 | 독 | 물 |
| 편 | 캠 | 봉 | 즐 | 낚 | 구 | 봉 | 핑 | 원 | 가 | 재 | 스 | 시 | 낚 | 독 |
| 구 | 킹 | 포 | 야 | 활 | 그 | 식 | 재 | 공 | 권 | 츠 | 수 | 뽐 | 야 | 편 |
| 흥 | 미 | 로 | 운 | 수 | 식 | 관 | 게 | 물 | 캠 | 이 | 독 | 봉 | 가 | 뽐 |

| | |
|---|---|
| 피곤한 | 자연스러운 |
| 식용 | 정상 |
| 창조적 | 새로운 |
| 설명 | 자랑스러운 |
| 극적인 | 매운 |
| 우아한 | 생산적인 |
| 유명한 | 책임 |
| 신선한 | 건강한 |
| 강한 | 마른 |
| 흥미로운 | |

# 37 - Cuerpo Humano

진 춤 가 구 킹 시 핑 손 스 뽐 진 투 공 그 시
킹 가 낚 캠 도 도 캠 휴 심 권 혀 그 휴 예 수
얼 농 즐 손 기 피 시 게 낚 춤 휴 여 가 춤 권
굴 다 렵 가 진 농 동 눈 춤 봉 가 다 예 턱 야
다 사 포 락 수 스 휴 법 관 림 도 휴 야 권 코
무 릎 권 식 구 관 동 그 머 동 즐 야 공 예 독
어 낚 여 농 사 농 술 수 리 봉 봉 뽐 재 렵 포
킹 깨 다 농 예 진 츠 임 다 물 기 입 투 원 임
물 여 물 도 시 예 이 휴 기 귀 퍼 이 술 투 기
여 편 도 목 팔 춤 킹 다 그 법 서 그 도 림 이
심 장 원 츠 꿈 하 법 가 퍼 낚 가 춤 츠 서 술
그 마 술 임 치 뽐 독 피 부 수 춤 투 사 재 렵
가 퍼 하 즐 농 서 구 다 기 봉 동 츠 렵 공 봉
농 재 춤 수 림 렵 그 식 가 권 이 핑 포 식 뇌
사 수 포 도 구 캠 봉 발 목 사 가 림 사 투 서

| | |
|---|---|
| 머리 | 어깨 |
| 얼굴 | 피부 |
| 팔꿈치 | 다리 |
| 심장 | 무릎 |
| 손가락 | 발목 |

# 38 - Calentamiento Global

| 식 | 스 | 츠 | 핑 | 가 | 그 | 물 | 관 | 원 | 쁨 | 야 | 관 | 투 | 다 | 법 |
|---|---|---|---|---|---|---|---|---|---|---|---|---|---|---|
| 위 | 기 | 캠 | 가 | 쁨 | 수 | 동 | 심 | 공 | 즐 | 독 | 림 | 미 | 래 | 권 |
| 임 | 킹 | 츠 | 스 | 물 | 킹 | 투 | 개 | 입 | 법 | 그 | 임 | 술 | 기 | 관 |
| 퍼 | 야 | 예 | 식 | 봉 | 여 | 재 | 이 | 발 | 포 | 여 | 공 | 쁨 | 킹 | 휴 |
| 캠 | 재 | 캠 | 원 | 킹 | 핑 | 주 | 의 | 공 | 기 | 이 | 공 | 하 | 임 | 진 |
| 정 | 부 | 산 | 농 | 농 | 퍼 | 수 | 춤 | 환 | 후 | 관 | 관 | 춤 | 심 | 휴 |
| 임 | 원 | 업 | 림 | 쁨 | 구 | 사 | 서 | 경 | 여 | 도 | 퍼 | 에 | 그 | 독 |
| 하 | 시 | 지 | 가 | 투 | 킹 | 국 | 그 | 원 | 관 | 식 | 결 | 포 | 너 | 법 |
| 임 | 그 | 츠 | 금 | 술 | 마 | 제 | 수 | 휴 | 자 | 학 | 과 | 하 | 춤 | 지 |
| 렵 | 온 | 도 | 이 | 림 | 봉 | 즐 | 쁨 | 낚 | 독 | 인 | 림 | 쁨 | 낚 | 데 |
| 림 | 동 | 임 | 퍼 | 가 | 포 | 낚 | 캠 | 스 | 구 | 구 | 동 | 투 | 관 | 이 |
| 독 | 렵 | 예 | 캠 | 재 | 북 | 극 | 게 | 춤 | 수 | 심 | 심 | 렵 | 투 | 터 |
| 술 | 즐 | 이 | 쁨 | 관 | 법 | 봉 | 공 | 즐 | 투 | 세 | 대 | 시 | 킹 | 시 |
| 공 | 퍼 | 춤 | 즐 | 물 | 원 | 수 | 수 | 게 | 도 | 렵 | 그 | 공 | 농 | 렵 |
| 가 | 스 | 낚 | 쁨 | 츠 | 즐 | 츠 | 낚 | 야 | 사 | 물 | 관 | 게 | 포 | 퍼 |

지금               에너지

환경               미래

주의               가스

북극               세대

과학자             정부

기후               산업

결과               국제

위기               입법

데이터             인구

개발               온도

# 39 - Ciencia

| 투 | 즐 | 여 | 봉 | 가 | 진 | 서 | 예 | 관 | 투 | 탄 | 스 | 림 | 마 | 권 |
|---|---|---|---|---|---|---|---|---|---|---|---|---|---|---|
| 휴 | 사 | 법 | 진 | 예 | 스 | 심 | 춤 | 츠 | 사 | 산 | 농 | 이 | 스 | 여 |
| 독 | 가 | 스 | 하 | 진 | 재 | 원 | 권 | 서 | 퍼 | 수 | 시 | 즐 | 술 | 그 |
| 공 | 스 | 쁨 | 원 | 독 | 즐 | 림 | 구 | 법 | 킹 | 킹 | 다 | 도 | 스 | 봉 |
| 캠 | 츠 | 게 | 식 | 원 | 중 | 가 | 사 | 츠 | 공 | 림 | 투 | 독 | 즐 | 봉 |
| 즐 | 포 | 유 | 기 | 체 | 력 | 설 | 심 | 사 | 임 | 포 | 동 | 동 | 식 | 즐 |
| 진 | 춤 | 구 | 재 | 기 | 권 | 법 | 입 | 연 | 권 | 진 | 독 | 편 | 공 | 퍼 |
| 데 | 이 | 터 | 재 | 후 | 다 | 농 | 렵 | 자 | 공 | 원 | 식 | 물 | 독 | 도 |
| 하 | 다 | 다 | 휴 | 게 | 즐 | 구 | 야 | 식 | 원 | 임 | 재 | 재 | 이 | 시 |
| 기 | 술 | 렵 | 술 | 구 | 실 | 험 | 진 | 술 | 관 | 다 | 하 | 즐 | 활 | 캠 |
| 사 | 가 | 츠 | 독 | 재 | 수 | 퍼 | 편 | 진 | 낚 | 춤 | 림 | 하 | 기 | 핑 |
| 사 | 스 | 가 | 쁨 | 수 | 심 | 술 | 관 | 킹 | 활 | 법 | 수 | 예 | 가 | 야 |
| 활 | 실 | 험 | 실 | 서 | 핑 | 시 | 방 | 화 | 학 | 쁨 | 가 | 화 | 석 | 사 |
| 분 | 야 | 마 | 활 | 물 | 술 | 휴 | 법 | 동 | 물 | 시 | 동 | 진 | 쁨 | 투 |
| 자 | 그 | 그 | 마 | 기 | 렵 | 기 | 물 | 리 | 학 | 편 | 캠 | 과 | 학 | 자 |

| | |
|---|---|
| 원자 | 가설 |
| 과학자 | 실험실 |
| 기후 | 방법 |
| 데이터 | 탄산수 |
| 진화 | 분자 |
| 실험 | 자연 |
| 물리학 | 유기체 |
| 화석 | 입자 |
| 중력 | 식물 |
| 사실 | 화학 |

| 서 | 수 | 그 | 예 | 편 | 이 | 포 | 도 | 편 | 활 | 투 | 투 | 기 | 공 | 술 |
|---|---|---|---|---|---|---|---|---|---|---|---|---|---|---|
| 재 | 프 | 퍼 | 퍼 | 이 | 캠 | 편 | 과 | 봉 | 가 | 야 | 이 | 여 | 사 | 투 |
| 독 | 가 | 즐 | 원 | 스 | 국 | 퍼 | 퍼 | 일 | 점 | 심 | 춤 | 샐 | 렵 | 림 |
| 춤 | 즐 | 수 | 게 | 게 | 수 | 소 | 채 | 낚 | 음 | 료 | 봉 | 러 | 스 | 원 |
| 즐 | 독 | 맛 | 있 | 는 | 수 | 금 | 동 | 독 | 게 | 시 | 포 | 드 | 림 | 임 |
| 퍼 | 케 | 봉 | 권 | 야 | 츠 | 심 | 농 | 수 | 독 | 춤 | 권 | 물 | 여 | 편 |
| 도 | 이 | 마 | 술 | 서 | 게 | 술 | 킹 | 도 | 물 | 임 | 독 | 포 | 하 | 관 |
| 물 | 크 | 투 | 캠 | 기 | 스 | 예 | 구 | 즐 | 식 | 시 | 웨 | 크 | 재 | 물 |
| 봉 | 하 | 포 | 의 | 도 | 즐 | 이 | 임 | 원 | 야 | 권 | 이 | 시 | 술 | 여 |
| 기 | 권 | 농 | 림 | 자 | 렵 | 서 | 낚 | 술 | 활 | 가 | 터 | 렵 | 뿜 | 마 |
| 향 | 예 | 렵 | 그 | 서 | 수 | 킹 | 봉 | 하 | 심 | 렵 | 여 | 다 | 얼 | 음 |
| 식 | 신 | 농 | 가 | 활 | 여 | 마 | 재 | 물 | 춤 | 게 | 춤 | 다 | 예 | 사 |
| 여 | 술 | 료 | 스 | 봉 | 재 | 가 | 물 | 낚 | 낚 | 기 | 고 | 물 | 츠 | 전 |
| 독 | 낚 | 숟 | 가 | 락 | 술 | 츠 | 저 | 녁 | 식 | 사 | 재 | 시 | 임 | 채 |
| 술 | 물 | 림 | 진 | 봉 | 즐 | 술 | 법 | 다 | 림 | 시 | 렵 | 구 | 게 | 그 |

점심
전채
음료
웨이터
저녁 식사
숟가락
맛있는
샐러드
향신료
국수

과일
얼음
케이크
물고기
소금
의자
수프
포크
채소

# 41 - Profesiones #1

| 마 | 봉 | 선 | 편 | 피 | 지 | 식 | 이 | 휴 | 스 | 야 | 관 | 하 | 츠 | 수 |
|---|---|---|---|---|---|---|---|---|---|---|---|---|---|---|
| 농 | 원 | 수 | 여 | 아 | 하 | 도 | 재 | 뽐 | 진 | 그 | 동 | 가 | 댄 | 서 |
| 심 | 하 | 그 | 기 | 니 | 독 | 식 | 제 | 동 | 식 | 활 | 구 | 가 | 편 | 재 |
| 임 | 여 | 렵 | 공 | 스 | 독 | 술 | 관 | 작 | 춤 | 뽐 | 림 | 물 | 기 | 동 |
| 투 | 독 | 서 | 핑 | 트 | 다 | 편 | 춤 | 보 | 자 | 집 | 편 | 활 | 사 | 춤 |
| 게 | 퍼 | 캠 | 캠 | 츠 | 진 | 원 | 권 | 석 | 은 | 행 | 가 | 악 | 음 | 스 |
| 가 | 물 | 원 | 재 | 편 | 법 | 야 | 농 | 상 | 퍼 | 렵 | 휴 | 즐 | 도 | 다 |
| 지 | 코 | 치 | 퍼 | 재 | 킹 | 사 | 호 | 변 | 캠 | 농 | 의 | 사 | 의 | 수 |
| 농 | 질 | 자 | 캠 | 하 | 재 | 냥 | 호 | 스 | 수 | 춤 | 여 | 대 | 퍼 | 그 |
| 가 | 그 | 학 | 심 | 술 | 기 | 꾼 | 소 | 간 | 공 | 림 | 서 | 농 | 이 | 그 |
| 예 | 마 | 문 | 자 | 배 | 가 | 퍼 | 방 | 퍼 | 여 | 예 | 퍼 | 관 | 원 | 림 |
| 그 | 킹 | 천 | 학 | 관 | 동 | 식 | 관 | 임 | 퍼 | 편 | 여 | 이 | 핑 | 임 |
| 관 | 낚 | 재 | 리 | 공 | 렵 | 핑 | 여 | 포 | 도 | 핑 | 심 | 휴 | 심 | 봉 |
| 그 | 식 | 예 | 심 | 춤 | 포 | 동 | 재 | 이 | 이 | 농 | 활 | 핑 | 진 | 포 |
| 구 | 구 | 킹 | 물 | 활 | 가 | 츠 | 공 | 수 | 츠 | 킹 | 심 | 기 | 봉 | 이 |

| | |
|---|---|
| 변호사 | 대사 |
| 천문학자 | 간호사 |
| 선수 | 코치 |
| 댄서 | 배관공 |
| 은행가 | 지질학자 |
| 소방관 | 보석상 |
| 지도 제작자 | 음악가 |
| 사냥꾼 | 피아니스트 |
| 의사 | 심리학자 |
| 편집자 | 수의사 |

# 42 - Vehículos

| 도 | 럭 | 트 | 사 | 물 | 렵 | 권 | 잠 | 심 | 이 | 편 | 술 | 스 | 다 | 스 |
|---|---|---|---|---|---|---|---|---|---|---|---|---|---|---|
| 핑 | 핑 | 투 | 랙 | 사 | 로 | 켓 | 수 | 예 | 물 | 식 | 츠 | 도 | 재 | 하 |
| 예 | 활 | 휴 | 사 | 터 | 식 | 심 | 함 | 여 | 독 | 하 | 야 | 춤 | 반 | 가 |
| 퍼 | 사 | 공 | 관 | 콥 | 게 | 농 | 나 | 구 | 투 | 킹 | 편 | 동 | 법 | 모 |
| 차 | 택 | 시 | 농 | 리 | 식 | 사 | 독 | 룻 | 포 | 림 | 권 | 뽐 | 킹 | 터 |
| 기 | 춤 | 수 | 수 | 헬 | 타 | 이 | 어 | 게 | 배 | 자 | 전 | 거 | 다 | 마 |
| 동 | 지 | 춤 | 공 | 독 | 농 | 농 | 림 | 이 | 활 | 다 | 핑 | 림 | 권 | 시 |
| 봉 | 하 | 투 | 퍼 | 다 | 게 | 여 | 다 | 투 | 식 | 츠 | 독 | 권 | 가 | 시 |
| 법 | 철 | 핑 | 봉 | 뗏 | 낚 | 게 | 사 | 츠 | 스 | 낚 | 독 | 도 | 캐 | 술 |
| 비 | 관 | 가 | 사 | 목 | 버 | 서 | 식 | 활 | 다 | 여 | 마 | 낚 | 러 | 뽐 |
| 수 | 행 | 다 | 법 | 마 | 스 | 핑 | 심 | 하 | 활 | 투 | 편 | 심 | 밴 | 식 |
| 농 | 낚 | 기 | 구 | 렵 | 법 | 수 | 투 | 재 | 투 | 야 | 술 | 예 | 마 | 림 |
| 동 | 도 | 즐 | 권 | 동 | 즐 | 관 | 편 | 여 | 낚 | 즐 | 구 | 봉 | 물 | 구 |
| 즐 | 예 | 낚 | 투 | 서 | 여 | 그 | 포 | 뽐 | 여 | 공 | 법 | 심 | 즐 | 편 |
| 심 | 편 | 다 | 가 | 구 | 급 | 차 | 렵 | 낚 | 수 | 활 | 사 | 독 | 심 | 마 |

| | |
|---|---|
| 구급차 | 헬리콥터 |
| 버스 | 지하철 |
| 비행기 | 모터 |
| 뗏목 | 타이어 |
| 자전거 | 잠수함 |
| 트럭 | 택시 |
| 캐러밴 | 트랙터 |
| 로켓 | 기차 |
| 나룻배 | |

# 43 - Geometría

| 행 | 평 | 원 | 법 | 동 | 림 | 키 | 원 | 원 | 법 | 낚 | 봉 | 츠 | 법 | 가 |
|---|---|---|---|---|---|---|---|---|---|---|---|---|---|---|
| 활 | 수 | 마 | 마 | 야 | 서 | 원 | 이 | 론 | 휴 | 권 | 구 | 그 | 구 | 렵 |
| 하 | 렵 | 마 | 권 | 게 | 동 | 즐 | 가 | 동 | 하 | 캠 | 독 | 츠 | 권 | 세 |
| 스 | 렵 | 독 | 이 | 게 | 쁨 | 다 | 마 | 츠 | 야 | 포 | 이 | 농 | 츠 | 로 |
| 게 | 원 | 이 | 즐 | 술 | 퍼 | 이 | 치 | 야 | 서 | 진 | 권 | 재 | 낚 | 캠 |
| 물 | 휴 | 여 | 봉 | 동 | 식 | 사 | 수 | 심 | 임 | 질 | 기 | 수 | 하 | 렵 |
| 식 | 가 | 술 | 도 | 농 | 예 | 봉 | 하 | 논 | 재 | 량 | 투 | 렵 | 도 | 시 |
| 쁨 | 권 | 술 | 공 | 렵 | 편 | 여 | 권 | 캠 | 리 | 예 | 편 | 캠 | 하 | 춤 |
| 각 | 여 | 봉 | 동 | 퍼 | 대 | 방 | 렵 | 수 | 킹 | 마 | 심 | 곡 | 선 | 공 |
| 도 | 가 | 동 | 퍼 | 렵 | 재 | 칭 | 정 | 퍼 | 재 | 예 | 서 | 스 | 공 | 물 |
| 비 | 율 | 식 | 도 | 이 | 야 | 봉 | 사 | 식 | 독 | 관 | 낚 | 캠 | 쁨 | 투 |
| 렵 | 물 | 식 | 이 | 다 | 휴 | 츠 | 공 | 림 | 가 | 쁨 | 표 | 킹 | 식 | 예 |
| 삼 | 각 | 형 | 낚 | 심 | 수 | 수 | 수 | 편 | 활 | 활 | 면 | 중 | 앙 | 값 |
| 계 | 산 | 동 | 지 | 분 | 절 | 농 | 심 | 여 | 법 | 구 | 봉 | 활 | 권 | 물 |
| 관 | 즐 | 활 | 름 | 수 | 구 | 가 | 예 | 투 | 권 | 다 | 야 | 이 | 물 | 투 |

| | |
|---|---|
| 각도 | 중앙값 |
| 계산 | 평행 |
| 곡선 | 비율 |
| 지름 | 분절 |
| 치수 | 대칭 |
| 방정식 | 표면 |
| 수평 | 이론 |
| 논리 | 삼각형 |
| 질량 | 세로 |

# 44 - Vacaciones #2

| | | | | | | | | | | | | | | |
|---|---|---|---|---|---|---|---|---|---|---|---|---|---|---|
| 캠 | 즐 | 야 | 이 | 심 | 관 | 스 | 뿜 | 시 | 게 | 재 | 서 | 임 | 진 | 핑 |
| 봉 | 그 | 다 | 활 | 핑 | 전 | 법 | 식 | 원 | 심 | 뿜 | 게 | 가 | 기 | 법 |
| 야 | 외 | 활 | 여 | 재 | 하 | 세 | 마 | 렵 | 이 | 림 | 법 | 즐 | 투 | 츠 |
| 진 | 국 | 다 | 식 | 뿜 | 독 | 섬 | 뿜 | 원 | 스 | 마 | 그 | 휴 | 편 | 츠 |
| 마 | 인 | 농 | 뿜 | 야 | 서 | 춤 | 수 | 활 | 킹 | 시 | 수 | 농 | 권 | 도 |
| 독 | 마 | 투 | 여 | 수 | 예 | 시 | 농 | 바 | 재 | 여 | 휴 | 권 | 림 | 원 |
| 봉 | 심 | 물 | 서 | 렵 | 공 | 항 | 심 | 다 | 다 | 편 | 뿜 | 즐 | 재 | 그 |
| 기 | 마 | 이 | 재 | 물 | 독 | 휴 | 그 | 법 | 지 | 킹 | 비 | 자 | 법 | 도 |
| 사 | 수 | 즐 | 림 | 춤 | 낚 | 공 | 식 | 진 | 도 | 핑 | 식 | 당 | 게 | 구 |
| 서 | 진 | 림 | 그 | 호 | 예 | 이 | 츠 | 행 | 여 | 목 | 이 | 퍼 | 식 | 여 |
| 퍼 | 뿜 | 다 | 활 | 텔 | 캠 | 시 | 기 | 활 | 가 | 서 | 적 | 가 | 츠 | 관 |
| 킹 | 동 | 택 | 시 | 휴 | 독 | 사 | 차 | 이 | 가 | 림 | 활 | 지 | 권 | 림 |
| 텐 | 트 | 킹 | 관 | 일 | 캠 | 여 | 권 | 사 | 진 | 포 | 춤 | 게 | 물 | 원 |
| 물 | 원 | 편 | 뿜 | 포 | 동 | 교 | 농 | 춤 | 춤 | 도 | 진 | 림 | 렵 | 독 |
| 캠 | 관 | 이 | 해 | 변 | 법 | 통 | 포 | 독 | 다 | 관 | 독 | 뿜 | 봉 | 구 |

| | |
|---|---|
| 공항 | 해변 |
| 텐트 | 전세 |
| 목적지 | 식당 |
| 외국인 | 택시 |
| 사진 | 교통 |
| 호텔 | 기차 |
| 지도 | 휴일 |
| 바다 | 여행 |
| 여가 | 비자 |
| 여권 | |

# 45 - Matemáticas

| 핑 | 기 | 마 | 권 | 뽐 | 여 | 법 | 반 | 투 | 임 | 법 | 기 | 식 | 포 | 도 |
| 예 | 게 | 휴 | 법 | 뽐 | 독 | 가 | 수 | 지 | 멱 | 구 | 동 | 기 | 춤 | 킹 |
| 기 | 뽐 | 즐 | 가 | 물 | 봉 | 이 | 투 | 여 | 름 | 관 | 원 | 그 | 재 | 여 |
| 스 | 분 | 재 | 즐 | 투 | 수 | 예 | 기 | 하 | 술 | 진 | 공 | 공 | 캠 | 휴 |
| 서 | 수 | 진 | 십 | 춤 | 술 | 츠 | 재 | 렵 | 스 | 츠 | 이 | 서 | 핑 | 스 |
| 여 | 산 | 야 | 기 | 서 | 권 | 시 | 휴 | 낚 | 야 | 즐 | 게 | 캠 | 이 | 캠 |
| 둘 | 레 | 즐 | 식 | 렵 | 캠 | 도 | 렵 | 수 | 휴 | 그 | 평 | 원 | 킹 | 식 |
| 형 | 각 | 사 | 정 | 관 | 식 | 물 | 뽐 | 권 | 마 | 음 | 행 | 투 | 구 | 마 |
| 각 | 기 | 서 | 방 | 뽐 | 츠 | 기 | 농 | 심 | 야 | 량 | 사 | 포 | 동 | 농 |
| 다 | 도 | 그 | 림 | 휴 | 퍼 | 가 | 스 | 시 | 관 | 서 | 변 | 핑 | 농 | 뽐 |
| 킹 | 투 | 진 | 편 | 킹 | 법 | 권 | 시 | 원 | 춤 | 재 | 형 | 각 | 사 | 직 |
| 사 | 권 | 즐 | 낚 | 여 | 편 | 권 | 츠 | 즐 | 게 | 심 | 각 | 게 | 재 | 동 |
| 식 | 춤 | 예 | 킹 | 기 | 진 | 낚 | 편 | 독 | 도 | 렵 | 삼 | 야 | 평 | 캠 |
| 구 | 체 | 마 | 핑 | 렵 | 하 | 구 | 수 | 포 | 즐 | 사 | 지 | 름 | 행 | 재 |
| 수 | 독 | 재 | 대 | 칭 | 퍼 | 학 | 직 | 서 | 권 | 재 | 게 | 임 | 편 | 구 |

| | |
|---|---|
| 산수 | 기하학 |
| 각도 | 평행 |
| 둘레 | 평행사변형 |
| 정사각형 | 수직 |
| 십진수 | 다각형 |
| 지름 | 반지름 |
| 방정식 | 직사각형 |
| 구체 | 대칭 |
| 멱지수 | 삼각형 |
| 분수 | 음량 |

| 그 | 봉 | 캠 | 기 | 구 | 사 | 관 | 여 | 언 | 퍼 | 캠 | 휴 | 편 | 이 | 투 |
| 활 | 독 | 편 | 심 | 마 | 진 | 퍼 | 다 | 어 | 림 | 임 | 핑 | 게 | 퍼 | 관 |
| 우 | 주 | 비 | 행 | 사 | 작 | 기 | 물 | 학 | 동 | 공 | 권 | 자 | 명 | 발 |
| 편 | 츠 | 스 | 술 | 즐 | 가 | 기 | 예 | 자 | 림 | 예 | 권 | 학 | 농 | 서 |
| 게 | 수 | 도 | 편 | 수 | 화 | 자 | 권 | 츠 | 엔 | 심 | 뽐 | 물 | 다 | 즐 |
| 수 | 진 | 킹 | 서 | 스 | 권 | 동 | 법 | 휴 | 활 | 지 | 선 | 생 | 님 | 뽐 |
| 구 | 봉 | 다 | 편 | 공 | 사 | 물 | 활 | 수 | 봉 | 사 | 니 | 서 | 핑 | 포 |
| 동 | 서 | 공 | 원 | 동 | 퍼 | 학 | 림 | 뽐 | 가 | 권 | 형 | 어 | 서 | 법 |
| 임 | 이 | 투 | 철 | 학 | 자 | 자 | 이 | 술 | 림 | 일 | 사 | 종 | 조 | 시 |
| 구 | 핑 | 이 | 법 | 도 | 다 | 게 | 그 | 포 | 핑 | 러 | 의 | 스 | 진 | 투 |
| 연 | 하 | 휴 | 이 | 활 | 사 | 서 | 독 | 독 | 가 | 스 | 과 | 핑 | 물 | 다 |
| 사 | 구 | 사 | 포 | 하 | 의 | 의 | 구 | 야 | 예 | 트 | 외 | 캠 | 캠 | 시 |
| 포 | 법 | 원 | 낚 | 식 | 서 | 시 | 과 | 동 | 원 | 레 | 스 | 공 | 독 | 진 |
| 뽐 | 관 | 정 | 식 | 하 | 가 | 다 | 권 | 치 | 림 | 이 | 구 | 핑 | 공 | 물 |
| 핑 | 츠 | 즐 | 스 | 도 | 킹 | 편 | 봉 | 동 | 뽐 | 터 | 서 | 편 | 도 | 다 |

| | |
|---|---|
| 우주 비행사 | 발명자 |
| 사서 | 연구원 |
| 생물학자 | 정원사 |
| 외과 의사 | 언어학자 |
| 치과 의사 | 의사 |
| 형사 | 기자 |
| 철학자 | 조종사 |
| 사진 작가 | 화가 |
| 일러스트레이터 | 선생님 |
| 엔지니어 | 동물학자 |

# 47 - Senderismo

| 농 | 렵 | 렵 | 관 | 공 | 임 | 공 | 원 | 림 | 춤 | 하 | 동 | 서 | 공 | 사 |
| 공 | 원 | 여 | 가 | 스 | 도 | 구 | 권 | 공 | 구 | 식 | 물 | 이 | 야 | 독 |
| 동 | 원 | 지 | 도 | 핑 | 농 | 여 | 진 | 가 | 야 | 재 | 봉 | 물 | 포 | 물 |
| 봉 | 기 | 법 | 동 | 춤 | 마 | 부 | 츠 | 편 | 예 | 생 | 구 | 하 | 활 | 재 |
| 포 | 진 | 즐 | 투 | 게 | 공 | 물 | 진 | 포 | 서 | 수 | 사 | 게 | 킹 | 핑 |
| 수 | 하 | 그 | 농 | 수 | 물 | 원 | 동 | 기 | 밋 | 관 | 하 | 하 | 편 | 예 |
| 휴 | 하 | 츠 | 물 | 피 | 곤 | 한 | 식 | 봉 | 휴 | 원 | 하 | 도 | 츠 | 구 |
| 정 | 위 | 캠 | 핑 | 마 | 진 | 관 | 포 | 활 | 예 | 심 | 사 | 게 | 돌 | 권 |
| 스 | 임 | 야 | 시 | 림 | 스 | 투 | 낚 | 여 | 킹 | 편 | 그 | 예 | 즐 | 킹 |
| 다 | 림 | 술 | 여 | 캠 | 재 | 원 | 심 | 기 | 편 | 휴 | 도 | 낚 | 술 | 원 |
| 야 | 포 | 게 | 춤 | 농 | 캠 | 다 | 진 | 산 | 임 | 태 | 양 | 농 | 하 | 예 |
| 술 | 그 | 여 | 권 | 여 | 즐 | 그 | 동 | 그 | 재 | 권 | 춤 | 춤 | 진 | 스 |
| 가 | 이 | 드 | 원 | 준 | 식 | 무 | 스 | 휴 | 봉 | 그 | 게 | 기 | 편 | 림 |
| 낭 | 떠 | 러 | 지 | 수 | 비 | 거 | 투 | 휴 | 하 | 다 | 자 | 후 | 다 | 모 |
| 심 | 법 | 재 | 퍼 | 기 | 포 | 운 | 춤 | 여 | 이 | 사 | 연 | 기 | 진 | 기 |

낭떠러지
동물
부츠
캠핑
피곤한
기후
서밋
가이드
지도

모기
자연
정위
공원
무거운
준비
야생
태양

# 48 - Naturaleza

| 다 | 다 | 술 | 휴 | 활 | 봉 | 즐 | 이 | 그 | 원 | 즐 | 사 | 서 | 공 | 투 |
|---|---|---|---|---|---|---|---|---|---|---|---|---|---|---|
| 열 | 대 | 활 | 관 | 야 | 식 | 공 | 동 | 술 | 관 | 기 | 야 | 예 | 진 | 여 |
| 서 | 핑 | 가 | 물 | 생 | 마 | 사 | 기 | 재 | 원 | 여 | 가 | 물 | 퍼 |
| 낚 | 구 | 도 | 렵 | 하 | 예 | 빙 | 봉 | 고 | 요 | 한 | 독 | 물 | 독 | 스 |
| 야 | 평 | 화 | 로 | 운 | 핑 | 하 | 꿀 | 벌 | 재 | 술 | 관 | 서 | 기 | 사 |
| 수 | 권 | 임 | 부 | 캠 | 봉 | 북 | 포 | 구 | 킹 | 사 | 마 | 성 | 역 | 낚 |
| 구 | 름 | 식 | 식 | 봉 | 하 | 극 | 강 | 퍼 | 관 | 숲 | 막 | 안 | 개 | 아 |
| 물 | 물 | 법 | 법 | 포 | 여 | 퍼 | 산 | 활 | 기 | 재 | 기 | 농 | 편 | 름 |
| 술 | 활 | 편 | 마 | 스 | 핑 | 예 | 절 | 독 | 잎 | 농 | 츠 | 하 | 가 | 다 |
| 관 | 재 | 이 | 법 | 즐 | 재 | 그 | 벽 | 임 | 독 | 렵 | 낚 | 스 | 게 | 움 |
| 재 | 농 | 퍼 | 권 | 술 | 하 | 시 | 농 | 가 | 독 | 마 | 휴 | 원 | 도 | 게 |
| 림 | 뽐 | 마 | 진 | 하 | 동 | 가 | 관 | 여 | 농 | 활 | 도 | 독 | 독 |
| 원 | 스 | 술 | 킹 | 동 | 공 | 물 | 식 | 수 | 술 | 도 | 림 | 동 | 츠 | 도 |
| 재 | 재 | 편 | 즐 | 수 | 퍼 | 캠 | 포 | 진 | 림 | 시 | 킹 | 물 | 원 | 킹 |
| 여 | 퍼 | 하 | 예 | 임 | 식 | 물 | 퍼 | 춤 | 권 | 핑 | 도 | 동 | 적 | 예 |

| | |
|---|---|
| 꿀벌 | 빙하 |
| 절벽 | 안개 |
| 동물 | 구름 |
| 북극 | 평화로운 |
| 아름다움 | 야생 |
| 사막 | 성역 |
| 동적 | 고요한 |
| 부식 | 열대 |

# 49 - Conduciendo

| | | | | | | | | | | | | | |
|---|---|---|---|---|---|---|---|---|---|---|---|---|---|
| 원 | 캠 | 여 | 임 | 동 | 스 | 핑 | 휴 | 거 | 리 | 농 | 도 | 관 | 원 | 독 |
| 스 | 그 | 경 | 렵 | 법 | 관 | 렵 | 식 | 예 | 공 | 법 | 이 | 수 | 킹 | 하 |
| 포 | 임 | 찰 | 뻠 | 수 | 관 | 위 | 캠 | 가 | 게 | 법 | 뻠 | 그 | 가 | 투 |
| 킹 | 예 | 임 | 공 | 낚 | 식 | 험 | 터 | 식 | 킹 | 여 | 물 | 모 | 동 | 렵 |
| 브 | 레 | 이 | 크 | 지 | 트 | 도 | 널 | 술 | 농 | 예 | 법 | 낚 | 터 | 구 |
| 독 | 림 | 게 | 법 | 도 | 하 | 럭 | 속 | 식 | 활 | 시 | 게 | 술 | 활 | 독 |
| 다 | 츠 | 관 | 물 | 활 | 사 | 고 | 도 | 구 | 심 | 공 | 그 | 그 | 권 | 심 |
| 재 | 기 | 투 | 이 | 편 | 그 | 예 | 활 | 여 | 뻠 | 재 | 사 | 도 | 진 | 권 |
| 렵 | 낚 | 림 | 그 | 즐 | 물 | 서 | 캠 | 교 | 통 | 보 | 행 | 자 | 여 | 독 |
| 춤 | 농 | 게 | 공 | 캠 | 렵 | 춤 | 술 | 봉 | 서 | 기 | 재 | 서 | 식 | 뻠 |
| 마 | 활 | 원 | 렵 | 도 | 투 | 관 | 편 | 권 | 캠 | 권 | 투 | 다 | 원 | 권 |
| 핑 | 차 | 고 | 진 | 가 | 연 | 안 | 전 | 버 | 림 | 하 | 기 | 야 | 야 | 사 |
| 차 | 이 | 기 | 재 | 하 | 특 | 료 | 포 | 스 | 킹 | 림 | 물 | 봉 | 야 | 시 |
| 편 | 가 | 독 | 심 | 가 | 허 | 서 | 재 | 가 | 원 | 도 | 도 | 관 | 춤 | 렵 |
| 츠 | 퍼 | 캠 | 킹 | 스 | 오 | 토 | 바 | 이 | 춤 | 가 | 동 | 술 | 예 | 스 |

| | |
|---|---|
| 사고 | 오토바이 |
| 버스 | 모터 |
| 거리 | 보행자 |
| 트럭 | 위험 |
| 연료 | 경찰 |
| 브레이크 | 안전 |
| 차고 | 교통 |
| 가스 | 터널 |
| 특허 | 속도 |
| 지도 | |

# 50 - Ballet

| 포 | 임 | 휴 | 렵 | 봉 | 동 | 사 | 뺌 | 활 | 뺌 | 이 | 포 | 게 | 오 | 킹 |
|---|---|---|---|---|---|---|---|---|---|---|---|---|---|---|
| 강 | 재 | 편 | 제 | 이 | 휴 | 마 | 서 | 림 | 권 | 여 | 다 | 수 | 케 | 사 |
| 렬 | 기 | 술 | 농 | 스 | 진 | 진 | 게 | 츠 | 가 | 농 | 식 | 독 | 스 | 심 |
| 함 | 리 | 야 | 투 | 렵 | 처 | 예 | 포 | 예 | 캠 | 수 | 는 | 주 | 트 | 권 |
| 여 | 듬 | 구 | 진 | 리 | 스 | 마 | 봉 | 심 | 예 | 근 | 육 | 내 | 라 | 마 |
| 연 | 습 | 음 | 악 | 허 | 작 | 사 | 물 | 동 | 술 | 구 | 식 | 스 | 타 | 일 |
| 식 | 동 | 심 | 도 | 설 | 곡 | 봉 | 핑 | 봉 | 적 | 식 | 봉 | 구 | 물 | 나 |
| 농 | 야 | 여 | 청 | 권 | 가 | 뺌 | 퍼 | 기 | 법 | 술 | 마 | 마 | 사 | 리 |
| 스 | 예 | 도 | 중 | 식 | 봉 | 렵 | 핑 | 가 | 휴 | 여 | 공 | 게 | 수 | 레 |
| 독 | 휴 | 이 | 다 | 마 | 낚 | 퍼 | 활 | 춤 | 야 | 술 | 렵 | 댄 | 편 | 발 |
| 박 | 수 | 츠 | 서 | 봉 | 마 | 킹 | 수 | 업 | 원 | 원 | 술 | 림 | 서 | 투 |
| 독 | 킹 | 활 | 편 | 서 | 편 | 안 | 무 | 독 | 물 | 휴 | 원 | 기 | 농 | 구 |
| 수 | 법 | 도 | 렵 | 스 | 심 | 퍼 | 임 | 여 | 사 | 관 | 가 | 렵 | 퍼 | 임 |
| 낚 | 야 | 권 | 독 | 공 | 재 | 진 | 즐 | 마 | 휴 | 권 | 진 | 물 | 편 | 츠 |
| 도 | 봉 | 농 | 스 | 가 | 투 | 게 | 구 | 편 | 임 | 구 | 서 | 임 | 야 | 기 |

| | |
|---|---|
| 박수 | 제스처 |
| 예술적 | 강렬함 |
| 청중 | 수업 |
| 발레리나 | 근육 |
| 댄서 | 음악 |
| 작곡가 | 오케스트라 |
| 안무 | 연습 |
| 리허설 | 리듬 |
| 스타일 | 독주 |
| 나타내는 | 기술 |

# 51 - Aventura

| 식 | 식 | 동 | 술 | 가 | 휴 | 관 | 물 | 춤 | 다 | 킹 | 다 | 캠 | 예 | 서 |
|---|---|---|---|---|---|---|---|---|---|---|---|---|---|---|
| 하 | 임 | 심 | 독 | 기 | 쁨 | 그 | 식 | 포 | 놀 | 마 | 마 | 캠 | 술 | 킹 |
| 목 | 적 | 지 | 편 | 권 | 여 | 림 | 예 | 쁨 | 라 | 캠 | 원 | 즐 | 스 | 이 |
| 림 | 휴 | 어 | 위 | 험 | 한 | 킹 | 킹 | 관 | 운 | 휴 | 독 | 이 | 물 | 활 |
| 농 | 술 | 자 | 려 | 준 | 비 | 용 | 법 | 퍼 | 로 | 여 | 게 | 다 | 낚 | 예 |
| 다 | 즐 | 연 | 휴 | 움 | 공 | 감 | 소 | 쁨 | 새 | 서 | 캠 | 포 | 사 | 권 |
| 물 | 퍼 | 활 | 법 | 그 | 편 | 캠 | 풍 | 기 | 구 | 원 | 물 | 가 | 휴 | 재 |
| 휴 | 낚 | 킹 | 마 | 수 | 권 | 구 | 쁨 | 물 | 회 | 캠 | 핑 | 진 | 포 | 진 |
| 봉 | 활 | 술 | 진 | 하 | 마 | 렵 | 식 | 일 | 정 | 포 | 식 | 다 | 사 | 캠 |
| 도 | 동 | 술 | 그 | 투 | 그 | 퍼 | 렵 | 시 | 농 | 림 | 스 | 게 | 서 | 구 |
| 가 | 이 | 활 | 술 | 권 | 아 | 농 | 독 | 스 | 임 | 항 | 이 | 퍼 | 낚 | 다 |
| 심 | 동 | 구 | 심 | 수 | 예 | 름 | 특 | 이 | 한 | 해 | 하 | 포 | 이 | 도 |
| 안 | 여 | 마 | 열 | 심 | 임 | 쁨 | 다 | 쁨 | 친 | 임 | 재 | 관 | 법 | 술 |
| 전 | 포 | 여 | 광 | 스 | 낚 | 캠 | 여 | 움 | 구 | 렵 | 원 | 관 | 하 | 이 |
| 관 | 즐 | 권 | 낚 | 동 | 시 | 마 | 예 | 물 | 캠 | 게 | 게 | 법 | 예 | 그 |

활동
기쁨
친구
아름다움
목적지
어려움
열광
소풍
특이한
일정

자연
항해
새로운
기회
위험한
준비
안전
놀라운
용감

# 52 - Pájaros

| 봉 | 서 | 물 | 캠 | 봉 | 사 | 뻠 | 공 | 펭 | 플 | 즐 | 휴 | 시 | 낚 | 시 |
|---|---|---|---|---|---|---|---|---|---|---|---|---|---|---|
| 스 | 서 | 가 | 비 | 둘 | 기 | 매 | 갈 | 권 | 라 | 즐 | 야 | 킹 | 봉 | 활 |
| 농 | 권 | 관 | 진 | 킹 | 여 | 킹 | 활 | 휴 | 밍 | 도 | 서 | 술 | 이 | 다 |
| 츠 | 계 | 란 | 캠 | 하 | 그 | 림 | 활 | 진 | 고 | 편 | 퍼 | 즐 | 휴 | 농 |
| 그 | 춤 | 술 | 거 | 위 | 임 | 봉 | 매 | 퍼 | 시 | 편 | 츠 | 식 | 핑 | 물 |
| 닭 | 마 | 농 | 렵 | 예 | 농 | 뻠 | 여 | 그 | 야 | 포 | 츠 | 편 | 사 | 렵 |
| 휴 | 재 | 사 | 마 | 하 | 퍼 | 포 | 관 | 농 | 춤 | 심 | 마 | 이 | 캠 | 사 |
| 츠 | 예 | 도 | 다 | 스 | 캠 | 기 | 뻠 | 앵 | 여 | 가 | 활 | 임 | 시 | 동 |
| 독 | 독 | 이 | 낚 | 스 | 물 | 농 | 심 | 무 | 활 | 렵 | 마 | 심 | 까 | 술 |
| 공 | 수 | 활 | 게 | 독 | 편 | 렵 | 편 | 새 | 리 | 부 | 춤 | 동 | 마 | 서 |
| 재 | 물 | 리 | 림 | 헤 | 론 | 킹 | 펠 | 예 | 춤 | 농 | 동 | 하 | 귀 | 물 |
| 뻠 | 렵 | 오 | 임 | 츠 | 뻐 | 꾸 | 기 | 리 | 임 | 즐 | 포 | 예 | 활 | 포 |
| 휴 | 진 | 진 | 임 | 구 | 기 | 백 | 조 | 타 | 컨 | 물 | 식 | 핑 | 뻠 | 봉 |
| 참 | 캠 | 다 | 투 | 마 | 서 | 원 | 공 | 스 | 원 | 핑 | 수 | 원 | 권 | 투 |
| 식 | 새 | 황 | 재 | 렵 | 가 | 서 | 마 | 킹 | 공 | 낚 | 다 | 시 | 포 | 렵 |

| | |
|---|---|
| 타조 | 갈매기 |
| 독수리 | 참새 |
| 황새 | 계란 |
| 백조 | 앵무새 |
| 뻐꾸기 | 비둘기 |
| 까마귀 | 오리 |
| 플라밍고 | 펠리컨 |
| 거위 | 펭귄 |
| 헤론 | 부리새 |

# 53 - Geografía

| 휴 | 스 | 봉 | 도 | 공 | 관 | 킹 | 구 | 구 | 핑 | 술 | 낚 | 관 | 식 | 바 |
|---|---|---|---|---|---|---|---|---|---|---|---|---|---|---|
| 경 | 도 | 킹 | 그 | 진 | 봉 | 임 | 츠 | 다 | 식 | 공 | 식 | 그 | 낚 | 다 |
| 즐 | 공 | 기 | 퍼 | 물 | 여 | 기 | 농 | 츠 | 술 | 활 | 스 | 농 | 임 | 낚 |
| 활 | 림 | 여 | 투 | 수 | 핑 | 술 | 법 | 즐 | 낚 | 그 | 포 | 사 | 게 | 다 |
| 독 | 영 | 캠 | 법 | 권 | 즐 | 낚 | 이 | 임 | 술 | 춤 | 그 | 물 | 구 | 즐 |
| 그 | 토 | 휴 | 츠 | 활 | 독 | 다 | 게 | 뿜 | 봉 | 임 | 도 | 도 | 술 | 농 |
| 마 | 구 | 기 | 임 | 독 | 츠 | 구 | 투 | 킹 | 투 | 그 | 고 | 다 | 서 | 수 |
| 도 | 포 | 스 | 재 | 기 | 즐 | 스 | 남 | 국 | 반 | 구 | 도 | 공 | 사 | 퍼 |
| 시 | 스 | 즐 | 임 | 재 | 북 | 쪽 | 쪽 | 캠 | 가 | 원 | 이 | 츠 | 진 | 그 |
| 도 | 지 | 아 | 틀 | 라 | 스 | 섬 | 서 | 렵 | 독 | 독 | 법 | 킹 | 휴 | 동 |
| 식 | 역 | 진 | 물 | 구 | 여 | 독 | 원 | 츠 | 봉 | 투 | 물 | 여 | 심 | 재 |
| 세 | 봉 | 예 | 임 | 재 | 법 | 가 | 도 | 츠 | 산 | 서 | 활 | 도 | 권 | 물 |
| 관 | 계 | 술 | 춤 | 킹 | 자 | 여 | 츠 | 퍼 | 캠 | 그 | 권 | 식 | 관 | 다 |
| 투 | 구 | 대 | 륙 | 원 | 오 | 하 | 포 | 사 | 게 | 식 | 그 | 위 | 술 | 여 |
| 서 | 재 | 원 | 농 | 구 | 선 | 츠 | 강 | 물 | 봉 | 법 | 하 | 도 | 야 | 하 |

| | |
|---|---|
| 고도 | 자오선 |
| 아틀라스 | 세계 |
| 도시 | 북쪽 |
| 대륙 | 서쪽 |
| 반구 | 국가 |
| 위도 | 지역 |
| 경도 | 남쪽 |
| 지도 | 영토 |
| 바다 | |

# 54 - Música

| 예 | 녹 | 편 | 핑 | 권 | 구 | 하 | 노 | 오 | 뽐 | 농 | 사 | 편 | 여 | 악 |
|---|---|---|---|---|---|---|---|---|---|---|---|---|---|---|
| 가 | 악 | 음 | 투 | 예 | 임 | 임 | 래 | 봉 | 페 | 킹 | 봉 | 물 | 스 | 기 |
| 예 | 식 | 시 | 고 | 재 | 물 | 식 | 사 | 야 | 심 | 라 | 즐 | 마 | 진 | 즐 |
| 캠 | 구 | 화 | 조 | 공 | 농 | 서 | 구 | 합 | 츠 | 봉 | 킹 | 게 | 투 | 가 |
| 진 | 즐 | 가 | 파 | 동 | 퍼 | 다 | 그 | 창 | 하 | 다 | 관 | 렵 | 임 | 가 |
| 이 | 마 | 춤 | 츠 | 휴 | 법 | 독 | 앨 | 범 | 농 | 츠 | 하 | 핑 | 수 | 수 |
| 도 | 야 | 마 | 림 | 야 | 진 | 활 | 재 | 그 | 게 | 이 | 포 | 도 | 구 | 츠 |
| 독 | 즐 | 이 | 투 | 리 | 듬 | 수 | 독 | 퍼 | 그 | 구 | 기 | 임 | 식 | 활 |
| 캠 | 식 | 크 | 가 | 캠 | 술 | 킹 | 술 | 춤 | 시 | 적 | 권 | 재 | 사 | 뽐 |
| 즐 | 투 | 림 | 재 | 동 | 다 | 뽐 | 핑 | 권 | 고 | 야 | 스 | 동 | 권 | 그 |
| 림 | 심 | 재 | 시 | 원 | 렵 | 공 | 진 | 권 | 활 | 전 | 핑 | 낚 | 퍼 | 그 |
| 여 | 휴 | 구 | 농 | 이 | 수 | 뽐 | 서 | 예 | 휴 | 츠 | 속 | 뽐 | 진 | 독 |
| 캠 | 낚 | 권 | 여 | 도 | 핑 | 휴 | 임 | 멜 | 로 | 디 | 도 | 보 | 컬 | 관 |
| 휴 | 그 | 핑 | 마 | 예 | 동 | 그 | 서 | 포 | 킹 | 예 | 진 | 시 | 투 | 야 |
| 즉 | 흥 | 적 | 으 | 로 | 휴 | 민 | 요 | 기 | 구 | 스 | 이 | 뮤 | 지 | 컬 |

| | |
|---|---|
| 조화 | 악기 |
| 고조파 | 멜로디 |
| 앨범 | 마이크 |
| 민요 | 뮤지컬 |
| 가수 | 음악가 |
| 노래 | 오페라 |
| 고전 | 시적 |
| 합창 | 리듬 |
| 녹음 | 속도 |
| 즉흥적으로 | 보컬 |

# 55 - Enfermedad

| 농 | 적 | 예 | 예 | 농 | 사 | 퍼 | 시 | 물 | 술 | 퍼 | 편 | 그 | 서 | 이 |
|---|---|---|---|---|---|---|---|---|---|---|---|---|---|---|
| 유 | 전 | 관 | 술 | 공 | 즐 | 독 | 포 | 렵 | 심 | 렵 | 휴 | 여 | 활 | |
| 렵 | 유 | 봉 | 독 | 낚 | 다 | 야 | 봉 | 렵 | 휴 | 포 | 독 | 춤 | 캠 | |
| 동 | 봉 | 퍼 | 식 | 게 | 휴 | 원 | 봉 | 수 | 법 | 요 | 추 | 관 | 공 | |
| 뿜 | 춤 | 즐 | 림 | 서 | 식 | 시 | 농 | 뿜 | 스 | 야 | 마 | 물 | 술 | |
| 포 | 여 | 동 | 포 | 이 | 심 | 그 | 뿜 | 봉 | 법 | 독 | 림 | 법 | 독 | 식 | 다 |
| 면 | 역 | 법 | 가 | 수 | 동 | 수 | 급 | 성 | 재 | 시 | 심 | 임 | 술 | |
| 퍼 | 식 | 가 | 증 | 염 | 게 | 심 | 구 | 낚 | 수 | 술 | 폐 | 장 | 공 | |
| 식 | 재 | 가 | 도 | 후 | 휴 | 예 | 가 | 츠 | 동 | 동 | 시 | 뿜 | 동 | 임 |
| 야 | 킹 | 낚 | 림 | 여 | 군 | 공 | 스 | 뿜 | 원 | 사 | 포 | 호 | 흡 | 기 |
| 술 | 술 | 캠 | 약 | 물 | 편 | 기 | 법 | 원 | 농 | 봉 | 다 | 서 | 활 | 복 |
| 원 | 건 | 강 | 한 | 이 | 게 | 이 | 수 | 게 | 진 | 봉 | 만 | 성 | 동 | 부 |
| 알 | 레 | 르 | 기 | 그 | 진 | 구 | 임 | 렵 | 즐 | 시 | 재 | 뼈 | 하 | 법 |
| 심 | 기 | 여 | 공 | 캠 | 캠 | 물 | 사 | 가 | 농 | 독 | 편 | 야 | 림 | 낚 |
| 킹 | 낚 | 구 | 법 | 수 | 캠 | 스 | 동 | 진 | 핑 | 물 | 그 | 시 | 하 | 포 |

| | |
|---|---|
| 복부 | 염증 |
| 급성 | 면역 |
| 알레르기 | 요추 |
| 심장 | 호흡기 |
| 만성 | 건강 |
| 약한 | 공동 |
| 유전적 | 증후군 |
| 유전 | 요법 |

# 56 - Actividades

| | | | | | | | | | | | | | | |
|---|---|---|---|---|---|---|---|---|---|---|---|---|---|---|
| 춤 | 포 | 진 | 스 | 렵 | 식 | 이 | 게 | 임 | 이 | 법 | 서 | 렵 | 권 | 공 |
| 렵 | 하 | 진 | 가 | 쁨 | 쁨 | 포 | 마 | 렵 | 캠 | 수 | 농 | 관 | 물 | 츠 |
| 수 | 하 | 서 | 물 | 즐 | 가 | 야 | 퍼 | 법 | 낚 | 투 | 스 | 독 | 그 | 휴 |
| 식 | 활 | 스 | 포 | 권 | 즐 | 낚 | 림 | 편 | 물 | 츠 | 춤 | 킹 | 구 | 심 |
| 공 | 예 | 마 | 쁨 | 공 | 사 | 여 | 야 | 구 | 권 | 활 | 봉 | 이 | 쁨 | 물 |
| 임 | 즐 | 예 | 술 | 예 | 진 | 수 | 퍼 | 술 | 퍼 | 권 | 도 | 도 | 진 | 동 |
| 마 | 도 | 관 | 기 | 편 | 술 | 렵 | 즐 | 휴 | 즐 | 휴 | 사 | 캠 | 핑 | 진 |
| 춤 | 재 | 심 | 예 | 식 | 원 | 림 | 쁨 | 킹 | 관 | 봉 | 쁨 | 재 | 휴 | 게 |
| 그 | 여 | 사 | 시 | 가 | 예 | 물 | 가 | 여 | 원 | 가 | 낚 | 시 | 렵 | 스 |
| 이 | 그 | 가 | 핑 | 활 | 그 | 동 | 춤 | 게 | 게 | 진 | 게 | 춤 | 츠 | 렵 |
| 여 | 예 | 물 | 킹 | 이 | 공 | 편 | 킹 | 스 | 스 | 휴 | 투 | 구 | 권 | 이 |
| 게 | 이 | 낚 | 도 | 기 | 재 | 권 | 봉 | 임 | 마 | 식 | 쁨 | 휴 | 렵 | 퍼 |
| 물 | 진 | 낚 | 다 | 심 | 쁨 | 수 | 공 | 다 | 하 | 심 | 활 | 농 | 시 | 게 |
| 심 | 다 | 독 | 임 | 캠 | 쁨 | 핑 | 포 | 재 | 이 | 활 | 구 | 사 | 독 | 서 |
| 공 | 관 | 구 | 그 | 원 | 진 | 활 | 동 | 봉 | 킹 | 봉 | 림 | 권 | 여 | 다 |

| | |
|---|---|
| 활동 | 게임 |
| 예술 | 독서 |
| 공예 | 마법 |
| 캠핑 | 여가 |
| 수렵 | 낚시 |
| 재봉 | 기쁨 |
| 사진술 | 휴식 |
| 기술 | 퍼즐 |
| 관심사 | 하이킹 |
| 원예 | 편물 |

# 57 - Verduras

| | | | | | | | | | | | | | |
|---|---|---|---|---|---|---|---|---|---|---|---|---|---|
| 임 | 예 | 림 | 도 | 도 | 캠 | 그 | 야 | 가 | 가 | 물 | 농 | 렵 | 낚 | 수 |
| 낚 | 물 | 하 | 구 | 휴 | 킹 | 동 | 오 | 지 | 투 | 서 | 핑 | 퍼 | 퍼 | 다 |
| 순 | 여 | 가 | 임 | 수 | 퍼 | 예 | 이 | 공 | 휴 | 당 | 근 | 시 | 무 | 편 |
| 무 | 심 | 권 | 예 | 권 | 원 | 기 | 원 | 편 | 게 | 다 | 다 | 여 | 임 | 독 |
| 독 | 다 | 포 | 렵 | 하 | 감 | 자 | 관 | 가 | 편 | 사 | 핑 | 도 | 사 | 원 |
| 시 | 생 | 강 | 예 | 원 | 원 | 캠 | 진 | 투 | 동 | 츠 | 권 | 기 | 렵 | 재 |
| 수 | 금 | 여 | 기 | 여 | 즐 | 다 | 활 | 원 | 법 | 술 | 즐 | 원 | 식 | 가 |
| 봉 | 농 | 치 | 권 | 그 | 캠 | 샐 | 완 | 두 | 콩 | 포 | 포 | 심 | 춤 | 아 |
| 시 | 권 | 권 | 사 | 가 | 파 | 시 | 러 | 스 | 버 | 셀 | 식 | 렵 | 가 | 티 |
| 림 | 농 | 야 | 포 | 투 | 토 | 슬 | 서 | 드 | 섯 | 러 | 핑 | 핑 | 춤 | 초 |
| 독 | 가 | 림 | 다 | 늘 | 마 | 하 | 리 | 도 | 춤 | 리 | 양 | 파 | 도 | 크 |
| 농 | 심 | 진 | 가 | 권 | 토 | 권 | 콜 | 수 | 물 | 마 | 휴 | 진 | 마 | 핑 |
| 독 | 포 | 수 | 호 | 식 | 게 | 그 | 로 | 농 | 도 | 다 | 스 | 투 | 식 | 즐 |
| 퍼 | 뿜 | 기 | 박 | 투 | 퍼 | 킹 | 브 | 렵 | 도 | 구 | 관 | 휴 | 다 | 기 |
| 투 | 림 | 심 | 여 | 투 | 여 | 림 | 도 | 활 | 올 | 리 | 브 | 뿜 | 임 | 게 |

| | |
|---|---|
| 마늘 | 생강 |
| 아티초크 | 순무 |
| 셀러리 | 올리브 |
| 가지 | 감자 |
| 브로콜리 | 오이 |
| 호박 | 파슬리 |
| 양파 | 버섯 |
| 샐러드 | 토마토 |
| 시금치 | 당근 |
| 완두콩 | |

# 58 - Instrumentos Musicales

| 뻼 | 스 | 도 | 트 | 루 | 플 | 색 | 소 | 폰 | 원 | 여 | 클 | 봉 | 원 | 다 |
| 만 | 돌 | 린 | 럼 | 서 | 임 | 림 | 술 | 다 | 밴 | 게 | 라 | 가 | 원 | 도 |
| 재 | 수 | 핑 | 펫 | 피 | 아 | 노 | 가 | 림 | 캠 | 조 | 리 | 원 | 물 | 기 |
| 퍼 | 하 | 사 | 권 | 림 | 캠 | 독 | 렵 | 스 | 공 | 림 | 넷 | 킹 | 심 | 투 |
| 포 | 동 | 뻼 | 진 | 마 | 재 | 뻼 | 춤 | 탬 | 낚 | 심 | 게 | 진 | 림 | 츠 |
| 카 | 야 | 도 | 재 | 스 | 재 | 포 | 공 | 버 | 다 | 림 | 식 | 뻼 | 마 | 구 |
| 니 | 타 | 악 | 기 | 기 | 관 | 렵 | 퍼 | 린 | 식 | 사 | 관 | 게 | 여 | 구 |
| 모 | 여 | 서 | 퍼 | 투 | 법 | 도 | 동 | 서 | 투 | 가 | 스 | 물 | 서 | 렵 |
| 하 | 서 | 법 | 법 | 스 | 츠 | 물 | 츠 | 농 | 활 | 야 | 활 | 식 | 봉 | 독 |
| 프 | 기 | 물 | 시 | 시 | 뻼 | 편 | 시 | 수 | 징 | 도 | 공 | 츠 | 진 | 야 |
| 순 | 그 | 타 | 캠 | 즐 | 활 | 핑 | 낚 | 기 | 북 | 활 | 농 | 원 | 야 | 법 |
| 바 | 이 | 올 | 린 | 오 | 렵 | 동 | 캠 | 법 | 트 | 롬 | 본 | 서 | 식 | 투 |
| 림 | 휴 | 하 | 킹 | 이 | 보 | 재 | 이 | 낚 | 동 | 그 | 활 | 기 | 심 | 뻼 |
| 마 | 원 | 투 | 야 | 스 | 원 | 에 | 다 | 봉 | 스 | 춤 | 봉 | 재 | 게 | 킹 |
| 뻼 | 킹 | 심 | 춤 | 재 | 관 | 렵 | 구 | 포 | 술 | 원 | 휴 | 구 | 첼 | 로 |

| | |
|---|---|
| 하모니카 | 오보에 |
| 하프 | 탬버린 |
| 밴조 | 타악기 |
| 클라리넷 | 피아노 |
| 바순 | 색소폰 |
| 플루트 | 트롬본 |
| 기타 | 트럼펫 |
| 만돌린 | 바이올린 |
| 마림바 | 첼로 |

# 59 - Formas

| 다 | 그 | 핑 | 춤 | 편 | 가 | 킹 | 편 | 렵 | 캠 | 핑 | 즐 | 킹 | 편 | 다 |
| 서 | 기 | 관 | 렵 | 타 | 원 | 형 | 각 | 삼 | 하 | 재 | 독 | 이 | 임 | 마 |
| 원 | 예 | 가 | 원 | 식 | 야 | 서 | 편 | 공 | 원 | 다 | 편 | 렵 | 뽐 | 원 |
| 낚 | 퍼 | 낚 | 타 | 가 | 서 | 기 | 봉 | 권 | 뿔 | 각 | 스 | 공 | 권 | 술 |
| 시 | 퍼 | 도 | 캠 | 다 | 춤 | 이 | 하 | 스 | 측 | 형 | 기 | 낚 | 관 | 봉 |
| 정 | 사 | 각 | 형 | 뽐 | 선 | 여 | 킹 | 뽐 | 면 | 그 | 츠 | 도 | 수 | 가 |
| 물 | 즐 | 시 | 재 | 핑 | 핑 | 가 | 이 | 즐 | 공 | 낚 | 츠 | 진 | 임 | 뽐 |
| 심 | 춤 | 이 | 핑 | 심 | 편 | 그 | 마 | 재 | 퍼 | 구 | 도 | 춤 | 가 | 이 |
| 이 | 원 | 포 | 이 | 즐 | 게 | 심 | 츠 | 게 | 도 | 체 | 게 | 재 | 법 | 권 |
| 캠 | 시 | 권 | 핑 | 원 | 퍼 | 원 | 사 | 림 | 동 | 권 | 핑 | 구 | 호 | 시 |
| 심 | 피 | 라 | 미 | 드 | 예 | 다 | 구 | 다 | 활 | 직 | 사 | 츠 | 킹 | 진 |
| 야 | 활 | 원 | 법 | 권 | 게 | 포 | 프 | 술 | 야 | 사 | 가 | 진 | 물 | 술 |
| 서 | 입 | 활 | 구 | 쌍 | 봉 | 동 | 츠 | 리 | 퍼 | 각 | 장 | 스 | 수 | 기 |
| 킹 | 시 | 방 | 여 | 도 | 곡 | 모 | 서 | 리 | 즘 | 형 | 자 | 도 | 이 | 재 |
| 법 | 그 | 낚 | 체 | 츠 | 관 | 선 | 곡 | 실 | 린 | 더 | 리 | 낚 | 원 | 사 |

| | |
|---|---|
| 가장자리 | 쌍곡선 |
| 실린더 | 측면 |
| 원뿔 | 타원형 |
| 정사각형 | 피라미드 |
| 입방체 | 다각형 |
| 곡선 | 프리즘 |
| 타원 | 직사각형 |
| 구체 | 삼각형 |
| 모서리 | |

# 60 - Flores

| 가 | 즐 | 다 | 즐 | 심 | 기 | 활 | 봉 | 독 | 물 | 낚 | 활 | 튤 | 활 | 심 |
|---|---|---|---|---|---|---|---|---|---|---|---|---|---|---|
| 야 | 다 | 캠 | 스 | 여 | 이 | 캠 | 장 | 게 | 하 | 캠 | 진 | 립 | 법 | 임 |
| 히 | 비 | 스 | 커 | 스 | 캠 | 시 | 미 | 술 | 활 | 휴 | 킹 | 도 | 캠 | 독 |
| 공 | 수 | 관 | 뿜 | 꽃 | 잎 | 시 | 서 | 식 | 물 | 기 | 렵 | 투 | 독 | 포 |
| 술 | 뿜 | 편 | 관 | 독 | 활 | 이 | 편 | 권 | 도 | 포 | 심 | 권 | 술 | 재 |
| 예 | 편 | 사 | 독 | 농 | 렵 | 시 | 츠 | 독 | 물 | 봉 | 예 | 킹 | 편 | 스 |
| 봉 | 편 | 원 | 림 | 법 | 시 | 진 | 권 | 진 | 관 | 진 | 핑 | 휴 | 이 | 민 |
| 시 | 임 | 마 | 하 | 임 | 데 | 예 | 뿜 | 꽃 | 다 | 발 | 동 | 게 | 뿜 | 동 |
| 백 | 렵 | 모 | 란 | 퍼 | 라 | 이 | 서 | 농 | 투 | 림 | 술 | 즐 | 포 | 술 |
| 법 | 합 | 포 | 이 | 츠 | 벤 | 휴 | 지 | 활 | 춤 | 금 | 라 | 일 | 락 | 스 |
| 치 | 자 | 동 | 예 | 츠 | 더 | 해 | 바 | 라 | 기 | 난 | 송 | 진 | 야 | 퍼 |
| 양 | 귀 | 비 | 가 | 권 | 법 | 츠 | 게 | 목 | 련 | 초 | 재 | 화 | 선 | 수 |
| 클 | 로 | 버 | 재 | 게 | 진 | 법 | 낚 | 법 | 포 | 활 | 기 | 민 | 들 | 레 |
| 봉 | 다 | 관 | 야 | 즐 | 퍼 | 심 | 임 | 사 | 여 | 도 | 마 | 게 | 낚 | 법 |
| 낚 | 식 | 재 | 핑 | 물 | 활 | 동 | 서 | 가 | 핑 | 봉 | 킹 | 원 | 휴 | 즐 |

| | |
|---|---|
| 양귀비 | 목련 |
| 금송화 | 데이지 |
| 민들레 | 수선화 |
| 치자 | 난초 |
| 해바라기 | 모란 |
| 히비스커스 | 꽃잎 |
| 재스민 | 꽃다발 |
| 라벤더 | 장미 |
| 라일락 | 클로버 |
| 백합 | 튤립 |

# 61 - Astronomía

| 행 | 천 | 물 | 렵 | 법 | 낚 | 춤 | 동 | 우 | 독 | 다 | 야 | 야 | 여 | 마 |
|---|---|---|---|---|---|---|---|---|---|---|---|---|---|---|
| 성 | 문 | 동 | 캠 | 쁨 | 사 | 킹 | 다 | 주 | 시 | 원 | 가 | 도 | 춤 | 관 |
| 유 | 학 | 림 | 게 | 동 | 활 | 퍼 | 원 | 술 | 캠 | 즐 | 관 | 예 | 츠 | 스 |
| 식 | 자 | 게 | 수 | 이 | 법 | 동 | 포 | 동 | 공 | 춤 | 즐 | 휴 | 게 | 림 |
| 코 | 방 | 렵 | 수 | 봉 | 봉 | 소 | 렵 | 달 | 시 | 낚 | 술 | 권 | 활 | 즐 |
| 스 | 사 | 킹 | 기 | 하 | 별 | 행 | 편 | 스 | 퍼 | 권 | 식 | 림 | 그 | 식 |
| 모 | 행 | 츠 | 은 | 하 | 자 | 성 | 신 | 초 | 권 | 투 | 핑 | 킹 | 렵 | 물 |
| 스 | 비 | 핑 | 수 | 지 | 리 | 위 | 하 | 여 | 즐 | 원 | 독 | 야 | 림 | 휴 |
| 즐 | 주 | 퍼 | 춤 | 하 | 구 | 하 | 수 | 진 | 로 | 켓 | 게 | 사 | 림 | 술 |
| 킹 | 우 | 가 | 휴 | 다 | 기 | 늘 | 활 | 진 | 여 | 포 | 스 | 이 | 츠 | 스 |
| 낚 | 츠 | 퍼 | 편 | 스 | 농 | 활 | 독 | 대 | 농 | 예 | 시 | 도 | 구 | 심 |
| 마 | 그 | 렵 | 휴 | 쁨 | 휴 | 서 | 춤 | 망 | 원 | 경 | 림 | 진 | 이 | 스 |
| 즐 | 퍼 | 원 | 동 | 서 | 물 | 봉 | 스 | 전 | 다 | 심 | 퍼 | 춤 | 관 | 가 |
| 그 | 구 | 관 | 관 | 그 | 야 | 독 | 기 | 핑 | 농 | 마 | 핑 | 춘 | 기 | 공 |
| 도 | 동 | 킹 | 도 | 춤 | 다 | 원 | 수 | 물 | 구 | 관 | 식 | 서 | 분 | 이 |

| | |
|---|---|
| 소행성 | 유성 |
| 우주 비행사 | 전망대 |
| 천문학자 | 행성 |
| 하늘 | 방사 |
| 로켓 | 위성 |
| 별자리 | 초신성 |
| 코스모스 | 망원경 |
| 춘분 | 지구 |
| 은하 | 우주 |

# 62 - Tiempo

| 독 | 물 | 핑 | 심 | 농 | 뺌 | 관 | 예 | 원 | 낚 | 춤 | 독 | 도 | 가 | 림 |
| 투 | 캠 | 시 | 식 | 공 | 핑 | 시 | 여 | 수 | 예 | 기 | 동 | 킹 | 림 | 캠 |
| 이 | 분 | 이 | 봉 | 식 | 스 | 즐 | 임 | 투 | 식 | 심 | 기 | 봉 | 마 | 렵 |
| 식 | 활 | 원 | 스 | 그 | 구 | 스 | 퍼 | 이 | 사 | 물 | 법 | 투 | 서 | 하 |
| 이 | 술 | 핑 | 그 | 시 | 연 | 간 | 츠 | 츠 | 야 | 수 | 뺌 | 츠 | 휴 | 도 |
| 편 | 관 | 가 | 원 | 퍼 | 공 | 림 | 예 | 관 | 시 | 식 | 퍼 | 게 | 술 | 활 |
| 사 | 킹 | 전 | 킹 | 독 | 가 | 독 | 여 | 식 | 미 | 래 | 림 | 원 | 킹 | 여 |
| 시 | 구 | 에 | 세 | 기 | 예 | 농 | 낚 | 퍼 | 춤 | 휴 | 임 | 구 | 구 | 아 |
| 게 | 계 | 포 | 포 | 낚 | 낚 | 농 | 사 | 킹 | 츠 | 다 | 원 | 지 | 츠 | 침 |
| 가 | 활 | 렵 | 정 | 낚 | 원 | 관 | 투 | 어 | 제 | 순 | 술 | 농 | 금 | 활 |
| 렵 | 뺌 | 뺌 | 오 | 다 | 물 | 활 | 도 | 마 | 물 | 심 | 간 | 시 | 주 | 도 |
| 마 | 예 | 물 | 포 | 수 | 그 | 그 | 관 | 하 | 심 | 수 | 게 | 캠 | 기 | 농 |
| 오 | 늘 | 스 | 마 | 구 | 월 | 관 | 원 | 킹 | 다 | 시 | 마 | 게 | 법 | 낚 |
| 여 | 심 | 게 | 렵 | 법 | 츠 | 밤 | 식 | 투 | 구 | 구 | 십 | 년 | 킹 | 농 |
| 스 | 편 | 원 | 뺌 | 기 | 동 | 물 | 술 | 관 | 법 | 시 | 진 | 일 | 달 | 력 |

지금　　　　　　　　　시간
전에　　　　　　　　　오늘
연간　　　　　　　　　아침
어제　　　　　　　　　정오
달력　　　　　　　　　순간
십년　　　　　　　　　시계
미래　　　　　　　　　세기

# 63 - Paisajes

| 캠 | 하 | 휴 | 공 | 폭 | 편 | 캠 | 동 | 캠 | 임 | 재 | 권 | 봉 | 사 | 핑 |
|---|---|---|---|---|---|---|---|---|---|---|---|---|---|---|
| 오 | 아 | 시 | 스 | 포 | 낚 | 핑 | 법 | 낚 | 구 | 물 | 재 | 산 | 막 | 마 |
| 라 | 법 | 심 | 즐 | 예 | 도 | 법 | 렵 | 수 | 투 | 스 | 캠 | 여 | 다 | 투 |
| 군 | 렵 | 도 | 권 | 예 | 퍼 | 빙 | 츠 | 핑 | 심 | 독 | 예 | 심 | 임 | 식 |
| 그 | 임 | 춤 | 농 | 여 | 재 | 야 | 산 | 법 | 야 | 캠 | 활 | 수 | 법 | 즐 |
| 해 | 서 | 원 | 권 | 늪 | 야 | 수 | 간 | 핑 | 시 | 독 | 편 | 임 | 재 | 식 |
| 변 | 농 | 편 | 바 | 춤 | 퍼 | 진 | 헐 | 서 | 츠 | 휴 | 반 | 도 | 재 | 예 |
| 스 | 구 | 진 | 다 | 즐 | 동 | 도 | 천 | 물 | 물 | 캠 | 농 | 하 | 식 | 춤 |
| 시 | 호 | 빙 | 렵 | 공 | 휴 | 토 | 게 | 캠 | 춤 | 진 | 스 | 구 | 화 | 산 |
| 재 | 수 | 하 | 구 | 춤 | 즐 | 츠 | 대 | 여 | 관 | 임 | 물 | 이 | 여 | 식 |
| 야 | 기 | 편 | 캠 | 킹 | 쁨 | 다 | 서 | 원 | 심 | 킹 | 활 | 기 | 서 | 도 |
| 골 | 활 | 구 | 관 | 퍼 | 서 | 낚 | 투 | 수 | 동 | 구 | 휴 | 야 | 스 | 기 |
| 짜 | 도 | 임 | 강 | 진 | 기 | 킹 | 관 | 킹 | 굴 | 서 | 독 | 독 | 구 | 사 |
| 기 | 낚 | 포 | 림 | 사 | 술 | 공 | 핑 | 공 | 심 | 렵 | 킹 | 도 | 기 | 휴 |
| 술 | 농 | 킹 | 마 | 이 | 사 | 섬 | 스 | 렵 | 쁨 | 동 | 재 | 퍼 | 독 | 원 |

폭포

동굴

사막

하구

간헐천

빙하

빙산

호수

라군

바다

오아시스

반도

해변

동토대

골짜기

화산

# 64 - Biología

| | | | | | | | | | | | | | |
|---|---|---|---|---|---|---|---|---|---|---|---|---|---|
| 광 | 수 | 예 | 구 | 수 | 낚 | 진 | 술 | 공 | 해 | 핑 | 효 | 소 | 캠 | 도 |
| 도 | 합 | 공 | 투 | 킹 | 여 | 춤 | 사 | 생 | 부 | 권 | 스 | 재 | 봉 | 퍼 |
| 봉 | 권 | 성 | 권 | 그 | 쁨 | 박 | 임 | 농 | 야 | 사 | 가 | 캠 | 낚 | 관 |
| 다 | 독 | 쁨 | 쁨 | 기 | 동 | 테 | 콜 | 퍼 | 렵 | 스 | 이 | 진 | 화 | 춤 |
| 킹 | 휴 | 진 | 도 | 염 | 게 | 리 | 라 | 권 | 마 | 독 | 물 | 퍼 | 이 | 투 |
| 관 | 기 | 농 | 심 | 색 | 춤 | 아 | 겐 | 낚 | 퍼 | 술 | 도 | 봉 | 권 | 여 |
| 물 | 휴 | 킹 | 게 | 체 | 휴 | 공 | 킹 | 다 | 쁨 | 봉 | 원 | 야 | 기 | 포 |
| 퍼 | 신 | 돌 | 여 | 투 | 단 | 수 | 독 | 독 | 독 | 휴 | 하 | 활 | 즐 | 쁨 |
| 법 | 시 | 경 | 연 | 춤 | 백 | 즐 | 캠 | 가 | 봉 | 예 | 쁨 | 물 | 기 | 킹 |
| 투 | 수 | 관 | 이 | 변 | 질 | 킹 | 림 | 심 | 동 | 휴 | 이 | 가 | 게 | 쁨 |
| 식 | 호 | 르 | 몬 | 예 | 이 | 자 | 임 | 식 | 즐 | 가 | 이 | 셀 | 법 | 예 |
| 술 | 예 | 포 | 투 | 휴 | 휴 | 연 | 도 | 법 | 게 | 임 | 스 | 쁨 | 관 | 관 |
| 수 | 포 | 유 | 류 | 충 | 파 | 스 | 냅 | 시 | 사 | 물 | 독 | 기 | 쁨 | 뉴 |
| 배 | 아 | 구 | 원 | 삼 | 즐 | 러 | 농 | 캠 | 이 | 심 | 림 | 수 | 권 | 런 |
| 투 | 렵 | 재 | 포 | 투 | 서 | 운 | 원 | 물 | 렵 | 스 | 쁨 | 권 | 게 | 핑 |

해부  
박테리아  
콜라겐  
염색체  
배아  
효소  
진화  
광합성  
호르몬  
포유류  

돌연변이  
자연스러운  
신경  
뉴런  
삼투  
단백질  
파충류  
공생  
시냅스

# 65 - Jardinería

| 다 | 계 | 절 | 공 | 다 | 쁨 | 이 | 국 | 적 | 인 | 여 | 농 | 스 | 술 | 관 |
|---|---|---|---|---|---|---|---|---|---|---|---|---|---|---|
| 캠 | 구 | 권 | 서 | 투 | 쁨 | 임 | 낚 | 재 | 퍼 | 쁨 | 쁨 | 도 | 흙 | 구 |
| 편 | 쁨 | 편 | 사 | 진 | 츠 | 사 | 꽃 | 다 | 발 | 투 | 퇴 | 심 | 물 | 예 |
| 예 | 독 | 법 | 마 | 활 | 예 | 서 | 낚 | 그 | 즐 | 퍼 | 비 | 야 | 공 | 포 |
| 꽃 | 권 | 야 | 서 | 포 | 활 | 시 | 물 | 진 | 야 | 임 | 그 | 다 | 캠 | 법 |
| 원 | 서 | 권 | 도 | 호 | 법 | 플 | 가 | 기 | 포 | 농 | 독 | 쁨 | 재 | 컨 |
| 림 | 구 | 여 | 그 | 스 | 게 | 로 | 식 | 식 | 이 | 그 | 쁨 | 투 | 즐 | 테 |
| 예 | 심 | 하 | 마 | 임 | 가 | 랄 | 투 | 마 | 식 | 투 | 림 | 가 | 편 | 이 |
| 진 | 술 | 춤 | 종 | 심 | 가 | 과 | 활 | 식 | 용 | 활 | 시 | 핑 | 핑 | 너 |
| 물 | 하 | 예 | 수 | 활 | 재 | 수 | 임 | 물 | 휴 | 투 | 진 | 식 | 하 | 다 |
| 공 | 임 | 예 | 술 | 물 | 서 | 원 | 공 | 봉 | 다 | 잎 | 사 | 캠 | 권 | 술 |
| 수 | 술 | 관 | 봉 | 법 | 쁨 | 식 | 술 | 동 | 권 | 다 | 사 | 구 | 여 | 시 |
| 이 | 분 | 게 | 진 | 구 | 퍼 | 수 | 기 | 활 | 토 | 낚 | 심 | 씨 | 앗 | 사 |
| 그 | 여 | 권 | 원 | 기 | 후 | 물 | 츠 | 핑 | 양 | 관 | 사 | 낚 | 츠 | 권 |
| 물 | 권 | 다 | 쁨 | 권 | 낚 | 임 | 독 | 독 | 투 | 법 | 포 | 술 | 심 | 마 |

| | |
|---|---|
| 식물 | 플로랄 |
| 기후 | 과수원 |
| 식용 | 수분 |
| 퇴비 | 호스 |
| 컨테이너 | 꽃다발 |
| 계절 | 씨앗 |
| 이국적인 | 토양 |

# 66 - Chocolate

| 서 | 하 | 기 | 츠 | 관 | 심 | 여 | 마 | 게 | 코 | 하 | 다 | 구 | 성 | 핑 |
|---|---|---|---|---|---|---|---|---|---|---|---|---|---|---|
| 원 | 투 | 동 | 스 | 즐 | 예 | 레 | 식 | 시 | 코 | 도 | 쁨 | 진 | 분 | 구 |
| 렵 | 투 | 캠 | 봉 | 예 | 관 | 시 | 렵 | 여 | 넛 | 게 | 림 | 다 | 편 | 원 |
| 관 | 퍼 | 술 | 편 | 렵 | 마 | 피 | 시 | 캠 | 캐 | 여 | 봉 | 춤 | 투 | 다 |
| 그 | 렵 | 킹 | 투 | 쁨 | 땅 | 기 | 동 | 권 | 러 | 동 | 사 | 편 | 즐 | 예 |
| 야 | 기 | 편 | 포 | 즐 | 콩 | 다 | 진 | 는 | 멜 | 진 | 킹 | 물 | 춤 | 휴 |
| 서 | 공 | 사 | 이 | 국 | 적 | 인 | 츠 | 하 | 있 | 츠 | 춤 | 구 | 포 | 공 |
| 스 | 활 | 낚 | 임 | 구 | 렵 | 장 | 심 | 아 | 킹 | 맛 | 수 | 원 | 시 | 휴 |
| 원 | 술 | 그 | 술 | 술 | 공 | 낚 | 관 | 좋 | 칼 | 로 | 리 | 사 | 임 | 야 |
| 춤 | 게 | 농 | 가 | 기 | 도 | 항 | 낚 | 원 | 법 | 포 | 투 | 핑 | 기 | 하 |
| 술 | 재 | 기 | 시 | 하 | 투 | 산 | 시 | 투 | 활 | 여 | 마 | 포 | 원 | 하 |
| 동 | 품 | 설 | 달 | 서 | 여 | 화 | 독 | 진 | 예 | 활 | 동 | 투 | 츠 | 식 |
| 임 | 질 | 탕 | 낚 | 콤 | 다 | 제 | 쁨 | 구 | 하 | 그 | 농 | 렵 | 쓴 | 다 |
| 수 | 법 | 시 | 공 | 하 | 한 | 독 | 시 | 게 | 여 | 투 | 재 | 스 | 구 | 게 |
| 재 | 관 | 하 | 여 | 마 | 원 | 가 | 루 | 진 | 봉 | 식 | 편 | 카 | 카 | 오 |

| | |
|---|---|
| 항산화제 | 코코넛 |
| 장인 | 맛있는 |
| 설탕 | 달콤한 |
| 땅콩 | 이국적인 |
| 카카오 | 좋아하는 |
| 품질 | 성분 |
| 칼로리 | 가루 |
| 캐러멜 | 레시피 |

# 67 - Barbacoas

| | | | | | | | | | | | | | |
|---|---|---|---|---|---|---|---|---|---|---|---|---|---|
| 공 | 스 | 사 | 그 | 렵 | 캠 | 여 | 물 | 농 | 낚 | 춤 | 기 | 과 | 일 | 샐 |
| 도 | 게 | 캠 | 임 | 수 | 츠 | 식 | 물 | 식 | 가 | 법 | 양 | 파 | 캠 | 러 |
| 권 | 여 | 뽐 | 농 | 마 | 식 | 야 | 저 | 활 | 족 | 관 | 어 | 게 | 동 | 드 |
| 뜨 | 거 | 운 | 도 | 동 | 도 | 심 | 녁 | 물 | 닭 | 여 | 름 | 린 | 진 | 야 |
| 봉 | 렵 | 관 | 음 | 게 | 임 | 림 | 식 | 권 | 킹 | 그 | 토 | 핑 | 이 | 원 |
| 하 | 퍼 | 수 | 법 | 악 | 그 | 릴 | 사 | 농 | 소 | 채 | 술 | 마 | 재 | 여 |
| 핑 | 독 | 예 | 투 | 퍼 | 동 | 춤 | 재 | 편 | 스 | 핑 | 예 | 동 | 토 | 춤 |
| 권 | 사 | 낚 | 그 | 권 | 낚 | 즐 | 관 | 법 | 렵 | 심 | 물 | 법 | 술 | 렵 |
| 동 | 퍼 | 도 | 가 | 임 | 기 | 킹 | 휴 | 가 | 농 | 공 | 수 | 게 | 재 | 법 |
| 원 | 편 | 동 | 도 | 수 | 원 | 춤 | 투 | 다 | 편 | 예 | 도 | 그 | 렵 | 독 |
| 마 | 춤 | 편 | 봉 | 휴 | 휴 | 투 | 기 | 점 | 심 | 봉 | 법 | 칼 | 기 | 퍼 |
| 즐 | 술 | 봉 | 포 | 여 | 진 | 다 | 도 | 투 | 편 | 편 | 이 | 도 | 츠 | 즐 |
| 예 | 캠 | 공 | 법 | 식 | 심 | 재 | 편 | 다 | 굶 | 야 | 사 | 후 | 추 | 동 |
| 식 | 이 | 봉 | 임 | 림 | 즐 | 진 | 여 | 관 | 주 | 낚 | 진 | 뽐 | 가 | 그 |
| 하 | 휴 | 도 | 서 | 춤 | 독 | 야 | 핑 | 포 | 림 | 소 | 금 | 림 | 즐 | 다 |

| | |
|---|---|
| 점심 | 음악 |
| 뜨거운 | 어린이 |
| 양파 | 그릴 |
| 저녁 식사 | 후추 |
| 샐러드 | 소금 |
| 가족 | 소스 |
| 과일 | 토마토 |
| 굶주림 | 여름 |
| 게임 | 채소 |

# 68 - Ropa

| 사 | 원 | 잠 | 임 | 시 | 게 | 관 | 림 | 가 | 이 | 캠 | 여 | 바 | 법 | 즐 |
|---|---|---|---|---|---|---|---|---|---|---|---|---|---|---|
| 게 | 편 | 재 | 옷 | 구 | 장 | 투 | 이 | 도 | 츠 | 퍼 | 권 | 지 | 투 | 수 |
| 블 | 츠 | 임 | 심 | 동 | 갑 | 가 | 이 | 사 | 공 | 스 | 도 | 보 | 이 | 앞 |
| 라 | 치 | 즐 | 휴 | 관 | 독 | 편 | 뽐 | 구 | 하 | 수 | 공 | 석 | 사 | 치 |
| 우 | 사 | 마 | 사 | 임 | 춤 | 춤 | 구 | 퍼 | 하 | 서 | 킹 | 류 | 하 | 마 |
| 스 | 츠 | 렵 | 춤 | 낚 | 여 | 봉 | 식 | 핑 | 사 | 포 | 예 | 공 | 예 | 춤 |
| 술 | 목 | 걸 | 이 | 진 | 퍼 | 게 | 휴 | 퍼 | 기 | 시 | 물 | 봉 | 투 | 재 |
| 수 | 프 | 공 | 가 | 물 | 림 | 렵 | 다 | 사 | 야 | 활 | 림 | 원 | 시 | 예 |
| 마 | 카 | 하 | 서 | 림 | 킹 | 이 | 공 | 활 | 그 | 수 | 활 | 핑 | 다 | 기 |
| 기 | 스 | 레 | 드 | 즐 | 야 | 수 | 시 | 퍼 | 여 | 기 | 림 | 권 | 이 | 휴 |
| 춤 | 웨 | 즐 | 하 | 진 | 활 | 사 | 동 | 뽐 | 낚 | 관 | 셔 | 물 | 야 | 마 |
| 즐 | 터 | 모 | 구 | 퍼 | 수 | 진 | 낚 | 물 | 마 | 관 | 츠 | 렵 | 식 | 시 |
| 공 | 원 | 자 | 두 | 캠 | 마 | 기 | 야 | 즐 | 재 | 이 | 그 | 공 | 편 | 샌 |
| 서 | 권 | 킹 | 진 | 동 | 렵 | 여 | 하 | 원 | 벨 | 팔 | 찌 | 활 | 봉 | 들 |
| 재 | 킷 | 가 | 다 | 공 | 동 | 사 | 마 | 식 | 심 | 트 | 코 | 봉 | 패 | 션 |

| | |
|---|---|
| 코트 | 보석류 |
| 블라우스 | 패션 |
| 스카프 | 바지 |
| 셔츠 | 잠옷 |
| 재킷 | 팔찌 |
| 벨트 | 샌들 |
| 목걸이 | 모자 |
| 앞치마 | 스웨터 |
| 치마 | 드레스 |
| 장갑 | 구두 |

# 69 - Meditación

| 물 | 기 | 진 | 춤 | 춤 | 농 | 마 | 평 | 화 | 하 | 예 | 가 | 스 | 가 | 재 |
|---|---|---|---|---|---|---|---|---|---|---|---|---|---|---|
| 게 | 친 | 절 | 츠 | 구 | 포 | 야 | 수 | 수 | 진 | 그 | 편 | 하 | 킹 |
| 하 | 포 | 도 | 스 | 수 | 진 | 시 | 즐 | 수 | 도 | 낚 | 마 | 동 | 그 | 킹 |
| 이 | 서 | 림 | 포 | 캠 | 즐 | 스 | 마 | 재 | 그 | 즐 | 편 | 시 | 임 | 공 | 재 |
| 캠 | 캠 | 독 | 츠 | 뿜 | 퍼 | 낚 | 이 | 낚 | 원 | 이 | 마 | 도 | 츠 | 수 |
| 수 | 서 | 수 | 스 | 렵 | 활 | 동 | 진 | 동 | 즐 | 심 | 음 | 진 | 물 | 예 |
| 킹 | 락 | 하 | 뿜 | 춤 | 활 | 물 | 게 | 동 | 예 | 재 | 춤 | 야 | 기 | 시 |
| 물 | 심 | 술 | 휴 | 침 | 묵 | 진 | 권 | 서 | 캠 | 게 | 츠 | 도 | 시 | 뿜 |
| 법 | 동 | 관 | 수 | 이 | 시 | 수 | 츠 | 활 | 법 | 주 | 의 | 예 | 이 | 다 |
| 퍼 | 휴 | 술 | 그 | 퍼 | 물 | 관 | 농 | 관 | 공 | 기 | 도 | 자 | 기 | 복 |
| 마 | 술 | 하 | 관 | 신 | 음 | 악 | 캠 | 찰 | 재 | 운 | 동 | 세 | 행 | 이 |
| 캠 | 봉 | 원 | 점 | 퍼 | 정 | 감 | 사 | 호 | 활 | 휴 | 물 | 츠 | 독 | 뿜 |
| 원 | 물 | 츠 | 마 | 자 | 생 | 여 | 권 | 흡 | 하 | 투 | 물 | 퍼 | 시 | 휴 |
| 봉 | 하 | 심 | 민 | 연 | 심 | 각 | 하 | 독 | 이 | 즐 | 서 | 술 | 권 | 즐 |
| 선 | 명 | 도 | 캠 | 여 | 심 | 다 | 휴 | 포 | 도 | 봉 | 휴 | 핑 | 퍼 |

수락
주의
친절
선명도
연민
감정
행복
감사
정신
마음

운동
음악
자연
관찰
평화
생각
관점
자세
호흡
침묵

# 70 - Libros

| 동 | 예 | 구 | 저 | 자 | 핑 | 비 | 내 | 림 | 관 | 재 | 캠 | 림 | 원 | 역 |
|---|---|---|---|---|---|---|---|---|---|---|---|---|---|---|
| 투 | 임 | 킹 | 예 | 원 | 즈 | 참 | 레 | 가 | 법 | 구 | 미 | 서 | 예 | 사 |
| 기 | 낚 | 관 | 다 | 활 | 리 | 한 | 이 | 수 | 낚 | 진 | 낚 | 있 | 킹 | 적 |
| 야 | 기 | 관 | 사 | 진 | 시 | 페 | 터 | 집 | 야 | 다 | 농 | 다 | 는 | 인 |
| 이 | 사 | 캠 | 다 | 킹 | 서 | 이 | 림 | 서 | 렵 | 농 | 투 | 낚 | 투 | 예 |
| 편 | 중 | 동 | 퍼 | 관 | 사 | 지 | 킹 | 수 | 스 | 즐 | 캠 | 예 | 휴 | 여 |
| 사 | 캠 | 성 | 사 | 게 | 시 | 스 | 관 | 수 | 킹 | 시 | 하 | 핑 | 여 | 농 |
| 사 | 모 | 법 | 물 | 동 | 핑 | 동 | 활 | 기 | 캠 | 츠 | 술 | 즐 | 캠 | 이 |
| 림 | 낚 | 험 | 임 | 서 | 면 | 농 | 킹 | 이 | 소 | 마 | 야 | 법 | 수 | 리 |
| 춤 | 도 | 진 | 스 | 쁨 | 구 | 낚 | 투 | 게 | 설 | 편 | 야 | 봉 | 심 | 더 |
| 퍼 | 다 | 핑 | 휴 | 포 | 렵 | 낚 | 봉 | 관 | 법 | 재 | 도 | 식 | 춤 | 권 |
| 수 | 휴 | 낚 | 편 | 법 | 다 | 공 | 야 | 련 | 투 | 편 | 낚 | 다 | 춤 | 독 |
| 기 | 가 | 기 | 심 | 휴 | 재 | 그 | 권 | 원 | 그 | 쁨 | 법 | 관 | 마 | 술 |
| 킹 | 마 | 핑 | 마 | 권 | 포 | 게 | 동 | 활 | 관 | 봉 | 발 | 원 | 재 | 활 |
| 쁨 | 림 | 문 | 맥 | 츠 | 게 | 여 | 문 | 학 | 낚 | 캠 | 명 | 춤 | 독 | 활 |

| | |
|---|---|
| 저자 | 발명 |
| 모험 | 리더 |
| 수집 | 문학 |
| 문맥 | 내레이터 |
| 이중성 | 소설 |
| 서사시 | 페이지 |
| 서면 | 관련 |
| 이야기 | 시리즈 |
| 역사적인 | 비참한 |
| 재미있는 | |

| 텔 | 여 | 낚 | 퍼 | 그 | 낚 | 도 | 야 | 휴 | 여 | 활 | 활 | 서 | 츠 | 공 |
|---|---|---|---|---|---|---|---|---|---|---|---|---|---|---|
| 레 | 심 | 춤 | 퍼 | 퍼 | 가 | 게 | 농 | 관 | 츠 | 활 | 포 | 핑 | 다 | 사 |
| 비 | 털 | 지 | 디 | 권 | 활 | 시 | 휴 | 퍼 | 시 | 렵 | 림 | 이 | 가 | 태 |
| 전 | 마 | 적 | 활 | 편 | 낚 | 퍼 | 야 | 그 | 캠 | 스 | 다 | 구 | 야 | 도 |
| 산 | 업 | 인 | 동 | 림 | 여 | 독 | 낚 | 예 | 킹 | 퍼 | 즐 | 공 | 도 | 예 |
| 여 | 재 | 여 | 스 | 하 | 핑 | 퍼 | 식 | 스 | 회 | 로 | 망 | 포 | 공 | 견 |
| 자 | 시 | 온 | 라 | 인 | 낚 | 가 | 식 | 휴 | 독 | 투 | 물 | 잡 | 지 | 의 |
| 봉 | 금 | 임 | 다 | 마 | 핑 | 다 | 기 | 하 | 권 | 활 | 원 | 원 | 술 | 재 |
| 사 | 구 | 조 | 투 | 심 | 게 | 핑 | 하 | 투 | 낚 | 게 | 도 | 동 | 포 | 심 |
| 다 | 농 | 편 | 달 | 심 | 렵 | 게 | 야 | 츠 | 예 | 권 | 독 | 가 | 시 | 활 |
| 신 | 문 | 예 | 쁨 | 법 | 림 | 임 | 심 | 식 | 통 | 림 | 재 | 렵 | 가 | 야 |
| 시 | 스 | 핑 | 식 | 편 | 동 | 공 | 임 | 하 | 신 | 로 | 실 | 활 | 진 | 포 |
| 구 | 판 | 라 | 사 | 구 | 그 | 재 | 활 | 퍼 | 서 | 컬 | 사 | 츠 | 원 | 포 |
| 마 | 광 | 고 | 디 | 즐 | 교 | 마 | 봉 | 여 | 기 | 사 | 진 | 춤 | 핑 | 구 |
| 여 | 동 | 캠 | 재 | 오 | 육 | 수 | 법 | 즐 | 렵 | 투 | 휴 | 도 | 핑 | 퍼 |

태도
광고
통신
디지털
교육
온라인
자금 조달
사진
사실
산업

지적인
로컬
의견
신문
공공의
라디오
회로망
잡지
텔레비전

# 72 - Nutrición

| 법 | 퍼 | 퍼 | 캠 | 권 | 재 | 야 | 서 | 휴 | 사 | 퍼 | 건 | 여 | 츠 | 심 |
|---|---|---|---|---|---|---|---|---|---|---|---|---|---|---|
| 휴 | 캠 | 구 | 낚 | 기 | 법 | 즐 | 임 | 편 | 물 | 용 | 가 | 강 | 츠 | 재 |
| 구 | 사 | 림 | 쓴 | 공 | 휴 | 구 | 투 | 낚 | 킹 | 식 | 건 | 강 | 한 | 봉 |
| 이 | 츠 | 야 | 이 | 퍼 | 캠 | 하 | 권 | 시 | 리 | 얼 | 욕 | 동 | 봉 | 핑 |
| 봉 | 품 | 마 | 예 | 포 | 동 | 투 | 림 | 킹 | 임 | 임 | 그 | 핑 | 활 | 투 |
| 수 | 낚 | 질 | 하 | 구 | 림 | 야 | 임 | 편 | 원 | 술 | 다 | 킹 | 휴 | 임 |
| 화 | 활 | 백 | 낚 | 낚 | 가 | 물 | 핑 | 독 | 예 | 야 | 이 | 여 | 이 | 서 |
| 소 | 독 | 단 | 권 | 심 | 츠 | 핑 | 림 | 서 | 재 | 츠 | 어 | 킹 | 칼 | 비 |
| 스 | 렵 | 야 | 다 | 동 | 여 | 구 | 포 | 맛 | 관 | 하 | 트 | 무 | 로 | 타 |
| 가 | 그 | 이 | 서 | 림 | 공 | 탄 | 수 | 화 | 물 | 균 | 핑 | 게 | 리 | 민 |
| 서 | 예 | 다 | 킹 | 영 | 양 | 소 | 발 | 효 | 츠 | 형 | 편 | 즐 | 다 | 시 |
| 기 | 가 | 렵 | 관 | 퍼 | 야 | 마 | 츠 | 농 | 뽐 | 잡 | 하 | 시 | 여 | 다 |
| 낚 | 츠 | 휴 | 술 | 다 | 서 | 편 | 게 | 스 | 서 | 힌 | 활 | 포 | 기 | 재 |
| 림 | 물 | 구 | 시 | 다 | 스 | 포 | 사 | 마 | 다 | 술 | 술 | 동 | 사 | 봉 |
| 구 | 포 | 야 | 하 | 공 | 스 | 물 | 공 | 봉 | 독 | 하 | 휴 | 사 | 퍼 | 술 |

| | |
|---|---|
| 식욕 | 발효 |
| 품질 | 영양소 |
| 칼로리 | 무게 |
| 탄수화물 | 단백질 |
| 시리얼 | 소스 |
| 식용 | 건강 |
| 다이어트 | 건강한 |
| 소화 | 독소 |
| 균형 잡힌 | 비타민 |

# 73 - Edificios

| 그 | 진 | 여 | 춤 | 캠 | 캠 | 호 | 서 | 게 | 여 | 게 | 도 | 하 | 심 | 하 |
|---|---|---|---|---|---|---|---|---|---|---|---|---|---|---|
| 병 | 식 | 공 | 킹 | 림 | 활 | 캠 | 텔 | 편 | 낚 | 식 | 법 | 가 | 야 | 진 |
| 독 | 원 | 진 | 사 | 투 | 다 | 활 | 농 | 낚 | 즐 | 그 | 림 | 스 | 춤 | 시 |
| 원 | 실 | 야 | 포 | 캠 | 여 | 독 | 장 | 낚 | 하 | 스 | 츠 | 춤 | 권 | 경 |
| 물 | 험 | 박 | 물 | 관 | 극 | 진 | 마 | 심 | 스 | 농 | 퍼 | 낚 | 물 | 기 |
| 활 | 실 | 탑 | 기 | 사 | 장 | 핑 | 원 | 예 | 하 | 게 | 림 | 게 | 그 | 장 |
| 가 | 사 | 봉 | 봉 | 대 | 그 | 수 | 독 | 캠 | 식 | 독 | 킹 | 야 | 독 | 원 |
| 호 | 활 | 그 | 편 | 퍼 | 킹 | 서 | 기 | 아 | 낚 | 다 | 휴 | 임 | 헛 | 간 |
| 스 | 공 | 장 | 원 | 식 | 봉 | 관 | 편 | 파 | 권 | 독 | 학 | 교 | 술 | 수 |
| 텔 | 차 | 고 | 퍼 | 법 | 뽐 | 재 | 권 | 트 | 핑 | 예 | 대 | 야 | 야 | 물 |
| 춤 | 공 | 농 | 스 | 전 | 슈 | 퍼 | 마 | 켓 | 임 | 그 | 스 | 그 | 하 | 가 |
| 구 | 킹 | 사 | 핑 | 성 | 망 | 림 | 킹 | 그 | 구 | 즐 | 수 | 영 | 화 | 휴 |
| 술 | 이 | 심 | 림 | 가 | 구 | 대 | 뽐 | 독 | 임 | 기 | 휴 | 이 | 그 | 술 |
| 예 | 수 | 권 | 진 | 봉 | 진 | 사 | 물 | 공 | 사 | 렵 | 예 | 림 | 게 | 뽐 |
| 법 | 게 | 시 | 그 | 즐 | 그 | 포 | 법 | 원 | 서 | 뽐 | 시 | 포 | 동 | 포 |

호스텔
아파트
영화
대사관
학교
경기장
공장
차고
헛간

농장
병원
호텔
실험실
박물관
전망대
슈퍼마켓
극장
대학

# 74 - Océano

| | | | | | | | | | | | | |
|---|---|---|---|---|---|---|---|---|---|---|---|---|
| 핑 | 농 | 법 | 돌 | 기 | 배 | 킹 | 게 | 조 | 렵 | 암 | 마 | 투 | 킹 | 사 |
| 시 | 권 | 예 | 기 | 고 | 물 | 낚 | 휴 | 림 | 류 | 초 | 여 | 스 | 고 | 래 |
| 게 | 편 | 야 | 권 | 활 | 래 | 야 | 구 | 시 | 법 | 스 | 게 | 펀 | 재 | 휴 |
| 재 | 춤 | 진 | 도 | 츠 | 춤 | 야 | 렵 | 게 | 하 | 캠 | 투 | 지 | 활 | 물 |
| 핑 | 퍼 | 즐 | 편 | 림 | 도 | 물 | 법 | 퍼 | 진 | 심 | 캠 | 동 | 기 | 물 |
| 재 | 심 | 춤 | 독 | 임 | 법 | 하 | 진 | 포 | 상 | 어 | 임 | 활 | 츠 | 임 |
| 원 | 낚 | 스 | 다 | 활 | 편 | 스 | 마 | 포 | 사 | 기 | 독 | 이 | 원 | 여 |
| 다 | 거 | 북 | 이 | 독 | 스 | 예 | 하 | 구 | 사 | 야 | 구 | 원 | 재 | 농 |
| 봉 | 핑 | 스 | 시 | 그 | 임 | 임 | 하 | 마 | 문 | 식 | 심 | 캠 | 술 | 재 |
| 농 | 농 | 투 | 마 | 활 | 농 | 하 | 산 | 재 | 어 | 술 | 춤 | 사 | 구 | 진 |
| 폭 | 풍 | 장 | 어 | 수 | 포 | 이 | 호 | 구 | 휴 | 임 | 가 | 동 | 편 | 활 |
| 게 | 핑 | 여 | 캠 | 다 | 권 | 임 | 킹 | 재 | 마 | 여 | 투 | 가 | 구 | 심 |
| 원 | 소 | 포 | 퍼 | 조 | 활 | 여 | 굴 | 즐 | 재 | 뻼 | 해 | 뻼 | 구 | 편 |
| 게 | 포 | 금 | 뻼 | 수 | 봉 | 예 | 휴 | 가 | 농 | 식 | 파 | 물 | 그 | 야 |
| 하 | 스 | 관 | 스 | 기 | 사 | 새 | 우 | 참 | 치 | 공 | 리 | 렵 | 관 | 심 |

| | |
|---|---|
| 조류 | 조수 |
| 장어 | 해파리 |
| 암초 | 물고기 |
| 참치 | 문어 |
| 고래 | 소금 |
| 새우 | 상어 |
| 산호 | 폭풍 |
| 돌고래 | 거북이 |
| 스펀지 | |

# 75 - Ciudad

| 뺨 | 킹 | 춤 | 관 | 편 | 예 | 관 | 플 | 즐 | 가 | 뺨 | 물 | 가 | 법 | 킹 |
|---|---|---|---|---|---|---|---|---|---|---|---|---|---|---|
| 핑 | 서 | 관 | 마 | 술 | 임 | 임 | 킹 | 로 | 퍼 | 도 | 가 | 은 | 법 | 농 |
| 구 | 사 | 하 | 휴 | 약 | 국 | 가 | 식 | 퍼 | 리 | 게 | 츠 | 권 | 행 | 경 |
| 관 | 포 | 다 | 포 | 수 | 봉 | 게 | 학 | 교 | 식 | 스 | 영 | 화 | 사 | 기 |
| 즐 | 뺨 | 시 | 낚 | 서 | 점 | 야 | 춤 | 마 | 스 | 하 | 트 | 심 | 스 | 장 |
| 렵 | 뺨 | 캠 | 야 | 야 | 낚 | 여 | 이 | 임 | 구 | 퍼 | 봉 | 킹 | 편 | 시 |
| 예 | 관 | 마 | 법 | 휴 | 야 | 편 | 법 | 원 | 심 | 포 | 수 | 식 | 활 | 하 |
| 호 | 휴 | 구 | 극 | 장 | 마 | 이 | 심 | 법 | 킹 | 킹 | 투 | 도 | 즐 | 포 |
| 법 | 텔 | 그 | 마 | 활 | 스 | 도 | 서 | 관 | 야 | 서 | 재 | 재 | 활 | 이 |
| 마 | 가 | 심 | 스 | 사 | 퍼 | 캠 | 원 | 물 | 동 | 그 | 사 | 물 | 동 | 가 |
| 다 | 공 | 항 | 낚 | 법 | 구 | 구 | 봉 | 박 | 캠 | 그 | 물 | 핑 | 캠 | 야 |
| 투 | 서 | 관 | 활 | 물 | 동 | 임 | 가 | 휴 | 대 | 기 | 활 | 재 | 다 | 독 |
| 야 | 뺨 | 농 | 법 | 이 | 심 | 마 | 핑 | 마 | 학 | 포 | 빵 | 집 | 이 | 투 |
| 갤 | 러 | 리 | 슈 | 퍼 | 마 | 켓 | 스 | 투 | 서 | 물 | 스 | 물 | 물 | 가 |
| 포 | 퍼 | 이 | 동 | 예 | 심 | 임 | 그 | 진 | 료 | 소 | 휴 | 관 | 낚 | 휴 |

| | |
|---|---|
| 공항 | 호텔 |
| 은행 | 서점 |
| 도서관 | 시장 |
| 영화 | 박물관 |
| 진료소 | 빵집 |
| 학교 | 슈퍼마켓 |
| 경기장 | 극장 |
| 약국 | 가게 |
| 플로리스트 | 대학 |
| 갤러리 | 동물원 |

# 76 - Agronomía

| 하 | 술 | 권 | 낚 | 지 | 수 | 재 | 마 | 시 | 법 | 스 | 관 | 도 | 춤 | 스 |
|---|---|---|---|---|---|---|---|---|---|---|---|---|---|---|
| 킹 | 서 | 수 | 임 | 음 | 속 | 포 | 원 | 핑 | 과 | 뺌 | 하 | 활 | 가 | 포 |
| 가 | 춤 | 시 | 활 | 식 | 기 | 가 | 마 | 야 | 학 | 태 | 생 | 예 | 공 | 야 |
| 츠 | 휴 | 캠 | 서 | 가 | 생 | 산 | 능 | 시 | 유 | 기 | 농 | 독 | 게 | 시 |
| 식 | 봉 | 하 | 진 | 권 | 서 | 수 | 휴 | 한 | 스 | 렵 | 독 | 편 | 기 | 렵 |
| 권 | 즐 | 물 | 가 | 이 | 관 | 활 | 마 | 시 | 츠 | 템 | 게 | 동 | 즐 | 사 |
| 포 | 진 | 시 | 식 | 예 | 식 | 관 | 편 | 도 | 원 | 즐 | 림 | 야 | 시 | 물 |
| 퍼 | 츠 | 낚 | 물 | 낚 | 퍼 | 마 | 그 | 농 | 핑 | 그 | 물 | 예 | 독 | 즐 |
| 다 | 구 | 진 | 임 | 구 | 그 | 츠 | 휴 | 씨 | 림 | 원 | 권 | 핑 | 시 | 원 |
| 독 | 다 | 구 | 사 | 시 | 그 | 포 | 킹 | 앗 | 독 | 캠 | 렵 | 시 | 츠 | 농 |
| 법 | 기 | 환 | 퍼 | 퍼 | 뺌 | 서 | 부 | 식 | 비 | 도 | 수 | 예 | 수 | 다 |
| 기 | 림 | 경 | 구 | 킹 | 구 | 임 | 오 | 염 | 술 | 료 | 킹 | 이 | 임 | 핑 |
| 뺌 | 동 | 구 | 춤 | 포 | 퍼 | 촌 | 게 | 그 | 야 | 에 | 너 | 지 | 독 | 퍼 |
| 권 | 임 | 권 | 림 | 이 | 사 | 농 | 업 | 여 | 질 | 춤 | 관 | 야 | 림 | 사 |
| 그 | 다 | 농 | 성 | 장 | 채 | 소 | 활 | 재 | 병 | 스 | 휴 | 츠 | 림 | 독 |

농업
과학
음식
오염
성장
생태학
에너지
질병
부식
비료

환경
유기농
식물
생산
농촌
씨앗
시스템
지속 가능한
채소

# 77 - Actividades y Ocio

| 여 | 권 | 츠 | 원 | 즐 | 농 | 다 | 축 | 스 | 활 | 츠 | 수 | 시 | 물 | 수 |
|---|---|---|---|---|---|---|---|---|---|---|---|---|---|---|
| 활 | 여 | 동 | 공 | 게 | 심 | 퍼 | 원 | 구 | 야 | 기 | 공 | 도 | 관 | 서 |
| 관 | 수 | 동 | 심 | 낚 | 재 | 시 | 농 | 사 | 수 | 동 | 공 | 재 | 기 | 캠 |
| 마 | 서 | 마 | 야 | 캠 | 스 | 재 | 재 | 여 | 법 | 포 | 예 | 심 | 임 | 킹 |
| 휴 | 춤 | 킹 | 게 | 술 | 가 | 투 | 가 | 낚 | 심 | 원 | 심 | 술 | 춤 | 활 |
| 다 | 사 | 휴 | 기 | 서 | 구 | 술 | 취 | 미 | 시 | 킹 | 야 | 진 | 그 | 림 |
| 포 | 킹 | 퍼 | 봉 | 독 | 도 | 진 | 츠 | 봉 | 진 | 활 | 림 | 법 | 임 | 렵 |
| 배 | 여 | 가 | 재 | 물 | 낚 | 쁨 | 여 | 법 | 농 | 편 | 관 | 휴 | 서 | 핑 |
| 구 | 행 | 가 | 사 | 휴 | 식 | 낚 | 공 | 투 | 구 | 다 | 수 | 동 | 권 | 사 |
| 기 | 포 | 독 | 물 | 퍼 | 법 | 시 | 림 | 공 | 시 | 스 | 서 | 핑 | 시 | 퍼 |
| 하 | 즐 | 법 | 편 | 사 | 야 | 도 | 수 | 츠 | 킹 | 경 | 주 | 캠 | 임 | 즐 |
| 물 | 구 | 봉 | 하 | 수 | 다 | 술 | 공 | 권 | 진 | 예 | 원 | 가 | 재 | 렵 |
| 식 | 기 | 도 | 골 | 영 | 수 | 렵 | 술 | 투 | 다 | 술 | 기 | 쇼 | 즐 | 이 |
| 서 | 포 | 하 | 여 | 프 | 야 | 술 | 캠 | 핑 | 이 | 캠 | 킹 | 킹 | 핑 | 투 |
| 하 | 이 | 킹 | 사 | 심 | 물 | 스 | 예 | 임 | 빙 | 테 | 니 | 스 | 관 | 그 |

취미
예술
농구
야구
권투
다이빙
캠핑
경주
쇼핑
축구

골프
원예
수영
낚시
휴식
하이킹
서핑
테니스
여행
배구

# 78 - Ingeniería

| | | | | | | | | | | | | | | |
|---|---|---|---|---|---|---|---|---|---|---|---|---|---|---|
| 즐 | 구 | 여 | 권 | 깊 | 활 | 원 | 편 | 기 | 공 | 야 | 레 | 에 | 하 | 스 |
| 활 | 식 | 모 | 터 | 이 | 츠 | 예 | 편 | 낚 | 원 | 원 | 버 | 너 | 도 | 진 |
| 동 | 공 | 관 | 림 | 게 | 스 | 원 | 렵 | 가 | 지 | 츠 | 마 | 지 | 물 | 서 |
| 원 | 권 | 쁨 | 도 | 각 | 가 | 관 | 진 | 예 | 활 | 름 | 찰 | 여 | 심 | 활 |
| 휴 | 서 | 봉 | 표 | 안 | 낚 | 사 | 원 | 렵 | 사 | 이 | 사 | 도 | 야 | 수 |
| 림 | 편 | 캠 | 술 | 정 | 심 | 재 | 심 | 심 | 관 | 이 | 법 | 구 | 여 | 권 |
| 봉 | 분 | 포 | 쁨 | 성 | 춤 | 핑 | 공 | 기 | 공 | 기 | 포 | 심 | 쁨 | 포 |
| 예 | 공 | 여 | 낚 | 킹 | 춤 | 핑 | 킹 | 구 | 권 | 그 | 가 | 기 | 퍼 | 활 |
| 술 | 심 | 편 | 이 | 하 | 농 | 이 | 그 | 식 | 추 | 진 | 춤 | 수 | 디 | 투 |
| 원 | 게 | 권 | 림 | 쁨 | 권 | 그 | 힘 | 건 | 설 | 퍼 | 원 | 기 | 젤 | 농 |
| 계 | 산 | 게 | 투 | 관 | 포 | 춤 | 동 | 포 | 도 | 쁨 | 물 | 물 | 계 | 기 |
| 마 | 축 | 원 | 사 | 예 | 액 | 심 | 구 | 봉 | 진 | 독 | 활 | 투 | 시 | 봉 |
| 예 | 투 | 관 | 구 | 그 | 도 | 체 | 활 | 휴 | 퍼 | 낚 | 여 | 구 | 측 | 사 |
| 식 | 원 | 즐 | 퍼 | 마 | 야 | 마 | 기 | 즐 | 즐 | 춤 | 그 | 림 | 정 | 기 |
| 포 | 퍼 | 임 | 시 | 다 | 시 | 동 | 캠 | 핑 | 가 | 시 | 도 | 구 | 조 | 렵 |

각도
계산
건설
도표
지름
디젤
분포
에너지
안정성

구조
마찰
액체
기계
측정
모터
레버
깊이
추진

# 79 - Comida #1

| 진 | 서 | 구 | 즐 | 휴 | 게 | 우 | 활 | 공 | 술 | 식 | 캠 | 낚 | 바 | 술 |
|---|---|---|---|---|---|---|---|---|---|---|---|---|---|---|
| 포 | 휴 | 술 | 동 | 물 | 핑 | 유 | 츠 | 도 | 다 | 춤 | 재 | 서 | 질 |   |
| 다 | 수 | 시 | 핑 | 이 | 독 | 킹 | 활 | 예 | 동 | 그 | 낚 | 독 | 여 | 하 |
| 관 | 마 | 공 | 관 | 그 | 수 | 재 | 샐 | 러 | 드 | 마 | 림 | 구 | 렵 | 임 |
| 편 | 뼘 | 심 | 마 | 순 | 휴 | 휴 | 구 | 동 | 게 | 늘 | 퍼 | 권 | 그 | 여 |
| 렵 | 포 | 술 | 휴 | 서 | 무 | 캠 | 츠 | 서 | 술 | 스 | 가 | 진 | 츠 | 재 |
| 원 | 심 | 게 | 식 | 이 | 독 | 캠 | 하 | 레 | 퍼 | 계 | 기 | 딸 | 술 | 하 |
| 봉 | 원 | 퍼 | 원 | 민 | 설 | 탕 | 술 | 몬 | 배 | 편 | 피 | 기 | 고 | 투 |
| 뼘 | 활 | 즐 | 주 | 트 | 서 | 동 | 포 | 츠 | 가 | 가 | 봉 | 스 | 야 | 구 |
| 츠 | 권 | 뼘 | 스 | 뼘 | 활 | 구 | 퍼 | 스 | 사 | 양 | 파 | 핑 | 시 | 다 |
| 춤 | 물 | 원 | 술 | 캠 | 관 | 게 | 핑 | 기 | 게 | 식 | 그 | 퍼 | 낚 | 농 |
| 사 | 게 | 림 | 여 | 스 | 서 | 즐 | 당 | 심 | 포 | 술 | 동 | 임 | 수 | 프 |
| 독 | 식 | 공 | 임 | 권 | 마 | 서 | 근 | 야 | 참 | 치 | 금 | 시 | 심 | 기 |
| 야 | 물 | 물 | 보 | 리 | 술 | 스 | 이 | 퍼 | 시 | 도 | 소 | 투 | 포 | 투 |
| 원 | 기 | 포 | 술 | 렵 | 원 | 여 | 캠 | 심 | 다 | 활 | 공 | 마 | 킹 | 가 |

마늘
바질
참치
설탕
계피
고기
보리
양파
샐러드
시금치

딸기
주스
우유
레몬
민트
순무
소금
수프
당근

# 80 - Antigüedades

| 임 | 예 | 이 | 재 | 가 | 보 | 우 | 임 | 독 | 사 | 여 | 관 | 공 | 캠 | 가 |
| 정 | 통 | 림 | 야 | 캠 | 석 | 아 | 림 | 독 | 포 | 농 | 림 | 야 | 도 | 구 |
| 원 | 품 | 마 | 법 | 스 | 류 | 한 | 여 | 봉 | 여 | 사 | 킹 | 낚 | 물 | 휴 |
| 봉 | 질 | 법 | 재 | 타 | 원 | 편 | 휴 | 가 | 관 | 수 | 도 | 사 | 츠 | 수 |
| 스 | 기 | 식 | 야 | 일 | 편 | 마 | 춤 | 격 | 즐 | 다 | 시 | 공 | 츠 | 재 |
| 하 | 활 | 편 | 원 | 다 | 낚 | 시 | 퍼 | 킹 | 휴 | 관 | 하 | 킹 | 이 | 예 |
| 림 | 임 | 봉 | 퍼 | 관 | 시 | 즐 | 포 | 캠 | 림 | 다 | 봉 | 동 | 식 | 휴 |
| 투 | 기 | 심 | 수 | 십 | 년 | 농 | 특 | 여 | 춤 | 서 | 권 | 도 | 도 | 원 |
| 퍼 | 자 | 뽐 | 법 | 야 | 사 | 술 | 이 | 예 | 오 | 임 | 동 | 공 | 식 | 복 |
| 심 | 여 | 갤 | 가 | 진 | 진 | 조 | 한 | 낚 | 래 | 관 | 퍼 | 세 | 활 | 구 |
| 관 | 낚 | 러 | 장 | 구 | 그 | 값 | 각 | 예 | 된 | 투 | 수 | 기 | 포 | 공 |
| 관 | 술 | 리 | 식 | 춤 | 독 | 편 | 즐 | 그 | 춤 | 권 | 뽐 | 투 | 츠 | 진 |
| 활 | 뽐 | 다 | 원 | 독 | 편 | 츠 | 경 | 매 | 림 | 림 | 진 | 사 | 핑 | 야 |
| 마 | 서 | 다 | 식 | 편 | 이 | 예 | 원 | 도 | 뽐 | 마 | 술 | 퍼 | 동 | 재 |
| 캠 | 편 | 게 | 독 | 독 | 동 | 전 | 술 | 춤 | 재 | 춤 | 하 | 그 | 츠 | 핑 |

예술
정통
품질
장식
수십 년
우아한
조각
스타일
갤러리
특이한

투자
보석류
동전
가구
가격
복구
세기
경매
오래된

# 81 - Literatura

| 임 | 시 | 편 | 비 | 여 | 편 | 투 | 시 | 식 | 여 | 임 | 편 | 유 | 추 | 야 |
|---|---|---|---|---|---|---|---|---|---|---|---|---|---|---|
| 하 | 야 | 관 | 극 | 야 | 낚 | 쁨 | 여 | 분 | 재 | 마 | 핑 | 동 | 휴 | 즐 |
| 전 | 심 | 낚 | 원 | 여 | 구 | 진 | 재 | 렵 | 석 | 관 | 관 | 권 | 원 | 하 |
| 츠 | 기 | 사 | 심 | 기 | 구 | 편 | 서 | 진 | 춤 | 권 | 츠 | 춤 | 시 | 편 |
| 임 | 여 | 법 | 예 | 게 | 물 | 휴 | 도 | 원 | 서 | 이 | 림 | 쁨 | 기 | 리 |
| 운 | 법 | 구 | 마 | 사 | 결 | 론 | 기 | 야 | 재 | 핑 | 심 | 야 | 낚 | 듬 |
| 술 | 활 | 예 | 원 | 게 | 관 | 수 | 독 | 낚 | 그 | 츠 | 스 | 원 | 휴 | 봉 |
| 법 | 식 | 낚 | 퍼 | 수 | 수 | 재 | 도 | 캠 | 임 | 편 | 여 | 마 | 이 | 쁨 |
| 낚 | 도 | 쁨 | 권 | 일 | 타 | 스 | 의 | 견 | 대 | 술 | 편 | 기 | 스 | 동 |
| 내 | 레 | 이 | 터 | 화 | 주 | 관 | 투 | 츠 | 화 | 여 | 핑 | 쁨 | 도 | 하 |
| 퍼 | 스 | 관 | 은 | 유 | 제 | 활 | 구 | 독 | 그 | 스 | 스 | 구 | 캠 | 동 |
| 재 | 야 | 봉 | 사 | 법 | 심 | 재 | 낚 | 이 | 춤 | 관 | 야 | 권 | 공 | 킹 |
| 관 | 여 | 킹 | 동 | 심 | 소 | 저 | 자 | 춤 | 낚 | 봉 | 즐 | 농 | 쁨 | 원 |
| 관 | 도 | 공 | 재 | 비 | 교 | 설 | 마 | 진 | 봉 | 원 | 여 | 낚 | 시 | 적 |
| 물 | 권 | 퍼 | 츠 | 구 | 투 | 설 | 명 | 마 | 물 | 가 | 캠 | 식 | 사 | 시 |

| | |
|---|---|
| 유추 | 스타일 |
| 분석 | 은유 |
| 일화 | 내레이터 |
| 저자 | 소설 |
| 전기 | 의견 |
| 비교 | 시적 |
| 결론 | 리듬 |
| 설명 | 주제 |
| 대화 | 비극 |

# 82 - Química

| | | | | | | | | | | | | | |
|---|---|---|---|---|---|---|---|---|---|---|---|---|---|
| 퍼 | 촉 | 핑 | 캠 | 마 | 츠 | 임 | 식 | 킹 | 츠 | 야 | 알 | 식 | 탄 | 소 |
| 다 | 매 | 공 | 마 | 권 | 킹 | 핑 | 권 | 봉 | 농 | 투 | 칼 | 구 | 서 | 염 |
| 열 | 즐 | 뿜 | 그 | 활 | 포 | 가 | 춤 | 즐 | 원 | 법 | 리 | 림 | 궤 | 조 |
| 그 | 도 | 시 | 여 | 금 | 도 | 진 | 활 | 하 | 진 | 액 | 성 | 휴 | 가 | 권 |
| 법 | 이 | 봉 | 수 | 소 | 산 | 진 | 공 | 여 | 예 | 체 | 사 | 심 | 식 | 수 |
| 관 | 포 | 킹 | 게 | 효 | 농 | 스 | 독 | 시 | 법 | 물 | 그 | 권 | 츠 | 예 |
| 진 | 츠 | 게 | 구 | 즐 | 킹 | 투 | 게 | 즐 | 활 | 서 | 동 | 야 | 동 | 임 |
| 공 | 공 | 시 | 재 | 휴 | 무 | 스 | 술 | 식 | 심 | 도 | 물 | 야 | 림 | 권 |
| 마 | 다 | 렵 | 권 | 가 | 법 | 게 | 술 | 구 | 마 | 분 | 자 | 즐 | 여 | 가 |
| 렵 | 춤 | 춤 | 킹 | 핵 | 가 | 야 | 농 | 즐 | 투 | 전 | 사 | 킹 | 렵 | 스 |
| 낚 | 예 | 하 | 다 | 예 | 스 | 이 | 스 | 원 | 자 | 사 | 하 | 시 | 활 |
| 관 | 핑 | 사 | 가 | 술 | 임 | 도 | 온 | 기 | 마 | 킹 | 심 | 즐 | 물 | 물 |
| 야 | 시 | 법 | 시 | 진 | 그 | 시 | 뿜 | 낚 | 포 | 게 | 그 | 마 | 도 | 퍼 |
| 산 | 편 | 캠 | 권 | 츠 | 투 | 이 | 공 | 반 | 스 | 법 | 게 | 관 | 낚 | 즐 |
| 스 | 츠 | 독 | 진 | 그 | 뿜 | 권 | 기 | 서 | 응 | 임 | 봉 | 서 | 활 | 관 |

| | |
|---|---|
| 알칼리성 | 액체 |
| 탄소 | 궤조 |
| 촉매 | 분자 |
| 염소 | 산소 |
| 전자 | 무게 |
| 효소 | 반응 |
| 가스 | 소금 |
| 수소 | 온도 |
| 이온 | |

# 83 - Gobierno

| 독 | 립 | 림 | 국 | 포 | 춤 | 시 | 야 | 렵 | 수 | 술 | 수 | 사 | 지 | 구 |
|---|---|---|---|---|---|---|---|---|---|---|---|---|---|---|
| 츠 | 물 | 마 | 기 | 가 | 예 | 민 | 식 | 임 | 재 | 여 | 가 | 법 | 등 | 평 |
| 심 | 휴 | 캠 | 법 | 츠 | 캠 | 권 | 뽐 | 투 | 공 | 즐 | 봉 | 뽐 | 헌 | 화 |
| 술 | 캠 | 서 | 도 | 츠 | 물 | 활 | 그 | 뽐 | 즐 | 낚 | 수 | 지 | 가 | 로 |
| 술 | 연 | 설 | 마 | 구 | 원 | 임 | 사 | 식 | 진 | 동 | 스 | 도 | 핑 | 운 |
| 게 | 동 | 다 | 도 | 원 | 관 | 게 | 농 | 시 | 기 | 법 | 유 | 자 | 게 | 포 |
| 여 | 구 | 활 | 야 | 식 | 상 | 재 | 농 | 민 | 념 | 포 | 즐 | 진 | 독 | 동 |
| 하 | 법 | 서 | 독 | 야 | 태 | 이 | 동 | 캠 | 물 | 정 | 림 | 게 | 뽐 | 야 |
| 포 | 여 | 구 | 킹 | 하 | 가 | 임 | 봉 | 이 | 휴 | 캠 | 의 | 정 | 치 | 활 |
| 원 | 렵 | 기 | 다 | 퍼 | 시 | 공 | 가 | 가 | 다 | 서 | 림 | 마 | 퍼 | 수 |
| 뽐 | 민 | 주 | 주 | 의 | 가 | 낚 | 이 | 원 | 원 | 예 | 캠 | 킹 | 츠 | 기 |
| 진 | 게 | 렵 | 구 | 휴 | 마 | 가 | 독 | 여 | 법 | 뽐 | 동 | 심 | 관 | 핑 |
| 낚 | 사 | 포 | 상 | 휴 | 렵 | 재 | 술 | 낚 | 진 | 킹 | 예 | 여 | 봉 | 식 |
| 공 | 킹 | 수 | 징 | 공 | 캠 | 토 | 론 | 진 | 농 | 공 | 림 | 원 | 게 | 도 |
| 봉 | 시 | 재 | 다 | 여 | 식 | 구 | 낚 | 도 | 독 | 시 | 그 | 법 | 스 | 다 |

시민권
시민
헌법
민주주의
연설
토론
지구
상태
평등
독립

사법
정의
자유
지도자
기념물
국가
평화로운
정치
상징

# 84 - Creatividad

| 다 | 춤 | 극 | 적 | 인 | 식 | 술 | 게 | 캠 | 식 | 선 | 가 | 야 | 퍼 | 그 |
|---|---|---|---|---|---|---|---|---|---|---|---|---|---|---|
| 재 | 권 | 츠 | 술 | 적 | 원 | 그 | 재 | 다 | 재 | 명 | 이 | 관 | 다 | 렵 |
| 기 | 기 | 구 | 예 | 발 | 기 | 쁨 | 핑 | 술 | 즐 | 도 | 진 | 게 | 식 | 그 |
| 술 | 독 | 스 | 임 | 자 | 물 | 법 | 공 | 편 | 스 | 원 | 츠 | 캠 | 핑 | 임 |
| 법 | 렵 | 렵 | 봉 | 농 | 유 | 가 | 도 | 관 | 강 | 렬 | 함 | 기 | 마 | 마 |
| 즐 | 림 | 심 | 독 | 츠 | 시 | 동 | 핑 | 렵 | 동 | 사 | 춤 | 편 | 킹 | 수 |
| 여 | 정 | 쁨 | 츠 | 그 | 활 | 력 | 성 | 휴 | 여 | 진 | 포 | 사 | 예 | 독 |
| 하 | 감 | 영 | 야 | 인 | 상 | 퍼 | 실 | 독 | 즐 | 가 | 수 | 시 | 독 | 식 |
| 상 | 권 | 각 | 서 | 서 | 권 | 캠 | 확 | 봉 | 즐 | 캠 | 스 | 관 | 농 | 동 |
| 가 | 상 | 물 | 스 | 게 | 법 | 기 | 낚 | 농 | 포 | 낚 | 하 | 다 | 진 | 킹 |
| 심 | 기 | 력 | 렵 | 발 | 농 | 직 | 스 | 임 | 술 | 그 | 마 | 농 | 공 | 진 |
| 아 | 즐 | 쁨 | 야 | 명 | 재 | 관 | 진 | 서 | 재 | 영 | 상 | 원 | 사 | 게 |
| 이 | 야 | 여 | 권 | 즐 | 활 | 재 | 구 | 재 | 비 | 여 | 서 | 렵 | 휴 | 사 |
| 디 | 캠 | 독 | 구 | 그 | 즐 | 편 | 농 | 권 | 전 | 구 | 핑 | 농 | 농 | 마 |
| 어 | 동 | 캠 | 진 | 법 | 게 | 렵 | 야 | 낚 | 휴 | 츠 | 투 | 춤 | 임 | 봉 |

| | |
|---|---|
| 예술적 | 상상력 |
| 확실성 | 인상 |
| 선명도 | 영감 |
| 극적인 | 강렬함 |
| 감정 | 직관 |
| 자발적인 | 발명 |
| 유동성 | 감각 |
| 기술 | 비전 |
| 아이디어 | 활력 |
| 영상 | |

# 85 - Filantropía

| 하 | 권 | 도 | 그 | 공 | 농 | 포 | 여 | 필 | 정 | 츠 | 킹 | 관 | 봉 | 연 |
|---|---|---|---|---|---|---|---|---|---|---|---|---|---|---|
| 진 | 마 | 핑 | 도 | 공 | 캠 | 게 | 퍼 | 요 | 낚 | 직 | 관 | 춤 | 퍼 | 락 |
| 기 | 술 | 쁨 | 사 | 의 | 쁨 | 투 | 마 | 사 | 휴 | 동 | 인 | 류 | 수 | 처 |
| 임 | 하 | 시 | 도 | 명 | 커 | 뮤 | 니 | 티 | 독 | 구 | 구 | 사 | 투 | 야 |
| 법 | 진 | 투 | 마 | 여 | 편 | 예 | 역 | 사 | 가 | 구 | 투 | 핑 | 쁨 | 권 |
| 진 | 벌 | 룹 | 수 | 가 | 구 | 이 | 츠 | 권 | 여 | 림 | 선 | 렵 | 가 | 렵 |
| 프 | 로 | 그 | 램 | 임 | 츠 | 다 | 렵 | 킹 | 식 | 식 | 자 | 금 | 사 | 원 |
| 춤 | 글 | 캠 | 쁨 | 공 | 낚 | 법 | 심 | 사 | 구 | 스 | 캠 | 하 | 진 | 킹 |
| 진 | 식 | 게 | 청 | 활 | 기 | 법 | 활 | 편 | 람 | 어 | 린 | 이 | 투 | 원 |
| 여 | 춤 | 임 | 소 | 그 | 예 | 춤 | 술 | 시 | 이 | 들 | 원 | 독 | 목 | 표 |
| 편 | 이 | 포 | 년 | 식 | 예 | 렵 | 림 | 그 | 서 | 이 | 게 | 식 | 농 | 이 |
| 임 | 공 | 킹 | 춤 | 원 | 사 | 스 | 시 | 재 | 낚 | 다 | 농 | 투 | 이 | 식 |
| 임 | 츠 | 기 | 투 | 수 | 술 | 관 | 낚 | 여 | 관 | 금 | 임 | 마 | 낚 | 편 |
| 츠 | 임 | 부 | 권 | 하 | 관 | 대 | 킹 | 하 | 야 | 융 | 활 | 이 | 캠 | 캠 |
| 스 | 츠 | 원 | 가 | 즐 | 재 | 낚 | 관 | 이 | 재 | 마 | 편 | 원 | 물 | 킹 |

| | |
|---|---|
| 자선 | 역사 |
| 커뮤니티 | 정직 |
| 연락처 | 인류 |
| 기부 | 청소년 |
| 금융 | 목표 |
| 자금 | 사명 |
| 관대 | 필요 |
| 사람들 | 어린이 |
| 글로벌 | 프로그램 |
| 그룹 | 공공의 |

# 86 - Clima

| 열 | 대 | 츠 | 즐 | 스 | 게 | 림 | 즐 | 하 | 마 | 핑 | 얼 | 활 | 권 | 하 |
|---|---|---|---|---|---|---|---|---|---|---|---|---|---|---|
| 게 | 수 | 심 | 심 | 천 | 둥 | 우 | 기 | 늘 | 스 | 관 | 렵 | 음 | 캠 | 춤 |
| 관 | 식 | 임 | 봉 | 폭 | 토 | 렵 | 렵 | 춤 | 도 | 공 | 식 | 핑 | 스 | 낚 |
| 휴 | 포 | 법 | 그 | 풍 | 네 | 봉 | 뺨 | 스 | 임 | 그 | 바 | 임 | 온 | 도 |
| 물 | 시 | 봉 | 사 | 킹 | 이 | 관 | 도 | 스 | 독 | 람 | 예 | 봉 | 도 |
| 물 | 활 | 츠 | 임 | 도 | 편 | 극 | 권 | 임 | 야 | 물 | 동 | 림 | 독 |
| 포 | 하 | 림 | 독 | 임 | 농 | 스 | 선 | 법 | 재 | 기 | 법 | 농 | 봉 | 활 |
| 캠 | 렵 | 임 | 예 | 캠 | 권 | 식 | 핑 | 그 | 권 | 편 | 이 | 봉 | 술 | 공 |
| 그 | 휴 | 식 | 마 | 스 | 재 | 분 | 허 | 리 | 케 | 인 | 법 | 퍼 | 관 | 수 |
| 미 | 번 | 개 | 른 | 가 | 가 | 시 | 위 | 후 | 다 | 그 | 홍 | 퍼 | 기 | 휴 |
| 풍 | 이 | 안 | 즐 | 독 | 품 | 야 | 야 | 기 | 뺨 | 수 | 수 | 다 | 시 | 임 |
| 식 | 서 | 술 | 하 | 농 | 공 | 임 | 법 | 임 | 야 | 휴 | 예 | 캠 | 독 | 예 |
| 가 | 예 | 기 | 츠 | 권 | 임 | 사 | 낚 | 기 | 구 | 춤 | 술 | 도 | 활 | 편 |
| 야 | 사 | 재 | 게 | 동 | 휴 | 도 | 원 | 포 | 름 | 그 | 핑 | 식 | 활 | 그 |
| 가 | 림 | 시 | 기 | 마 | 뺨 | 심 | 법 | 독 | 예 | 퍼 | 법 | 관 | 그 | 다 |

분위기
미풍
하늘
기후
얼음
허리케인
홍수
우기
안개
구름

극선
번개
마른
가뭄
온도
폭풍
토네이도
열대
천둥
바람

# 87 - Comida #2

| | | | | | | | | | | | | | |
|---|---|---|---|---|---|---|---|---|---|---|---|---|---|
| 수 | 구 | 렵 | 독 | 게 | 예 | 아 | 독 | 크 | 편 | 독 | 요 | 포 | 스 | 법 |
| 식 | 시 | 그 | 물 | 춤 | 하 | 몬 | 관 | 초 | 콜 | 릿 | 거 | 춤 | 공 | 수 |
| 심 | 예 | 가 | 생 | 강 | 임 | 드 | 관 | 티 | 수 | 여 | 트 | 즐 | 뿜 | 동 |
| 퍼 | 식 | 계 | 림 | 물 | 기 | 서 | 낚 | 아 | 술 | 활 | 임 | 사 | 편 | 동 |
| 예 | 사 | 과 | 란 | 킹 | 핑 | 낚 | 렵 | 즐 | 관 | 심 | 재 | 핑 | 다 | 빵 |
| 마 | 원 | 임 | 투 | 휴 | 관 | 투 | 동 | 게 | 재 | 포 | 다 | 술 | 도 | 봉 |
| 체 | 리 | 편 | 예 | 휴 | 공 | 야 | 농 | 투 | 핑 | 관 | 농 | 이 | 낚 | 공 |
| 다 | 하 | 뿜 | 츠 | 즐 | 진 | 치 | 즈 | 권 | 심 | 마 | 시 | 츠 | 기 | 하 |
| 심 | 임 | 원 | 쌀 | 원 | 킹 | 여 | 도 | 법 | 하 | 하 | 밀 | 기 | 퍼 | 낚 |
| 캠 | 셀 | 법 | 시 | 포 | 닭 | 캠 | 물 | 게 | 스 | 캠 | 농 | 공 | 키 | 가 |
| 다 | 이 | 러 | 활 | 공 | 편 | 구 | 구 | 야 | 기 | 라 | 바 | 해 | 위 | 지 |
| 마 | 기 | 그 | 리 | 휴 | 봉 | 예 | 술 | 스 | 핑 | 진 | 독 | 나 | 활 | 동 |
| 토 | 마 | 토 | 게 | 포 | 도 | 마 | 법 | 사 | 게 | 퍼 | 춤 | 사 | 나 | 사 |
| 편 | 렵 | 이 | 공 | 하 | 활 | 물 | 투 | 예 | 관 | 렵 | 휴 | 낚 | 그 | 마 |
| 재 | 관 | 휴 | 편 | 기 | 춤 | 원 | 수 | 농 | 예 | 식 | 식 | 여 | 독 | 게 |

| | |
|---|---|
| 아티초크 | 생강 |
| 아몬드 | 키위 |
| 셀러리 | 사과 |
| 가지 | 바나나 |
| 체리 | 치즈 |
| 초콜릿 | 토마토 |
| 해바라기 | 포도 |
| 계란 | 요거트 |

# 88 - Diplomacia

| 편 | 외 | 여 | 렵 | 다 | 동 | 퍼 | 핑 | 정 | 술 | 여 | 가 | 기 | 츠 | 기 |
|---|---|---|---|---|---|---|---|---|---|---|---|---|---|---|
| 수 | 국 | 렵 | 보 | 동 | 휴 | 편 | 게 | 이 | 치 | 야 | 쁨 | 동 | 사 | 예 |
| 휴 | 의 | 낚 | 안 | 투 | 편 | 대 | 사 | 그 | 재 | 스 | 하 | 캠 | 임 | 물 |
| 사 | 재 | 봉 | 킹 | 구 | 재 | 시 | 그 | 결 | 투 | 휴 | 서 | 관 | 구 | 술 |
| 동 | 투 | 핑 | 여 | 커 | 하 | 식 | 편 | 해 | 권 | 대 | 사 | 관 | 츠 | 이 |
| 마 | 예 | 시 | 구 | 뮤 | 즐 | 봉 | 성 | 결 | 무 | 술 | 림 | 도 | 야 | 술 |
| 투 | 술 | 구 | 심 | 니 | 도 | 여 | 여 | 책 | 물 | 관 | 동 | 재 | 캠 | 스 |
| 윤 | 리 | 학 | 협 | 티 | 법 | 스 | 휴 | 봉 | 외 | 식 | 정 | 부 | 갈 | 등 |
| 물 | 활 | 여 | 력 | 구 | 법 | 봉 | 재 | 술 | 교 | 이 | 츠 | 춤 | 춤 | 춤 |
| 하 | 동 | 다 | 캠 | 렵 | 춤 | 핑 | 낚 | 인 | 도 | 주 | 의 | 킹 | 투 | 가 |
| 가 | 원 | 독 | 캠 | 관 | 심 | 츠 | 캠 | 재 | 재 | 쁨 | 츠 | 춤 | 캠 | 핑 |
| 고 | 도 | 진 | 가 | 조 | 낚 | 술 | 이 | 임 | 츠 | 토 | 론 | 법 | 언 | 동 |
| 문 | 스 | 여 | 여 | 약 | 술 | 서 | 술 | 공 | 캠 | 다 | 편 | 하 | 정 | 어 |
| 예 | 휴 | 원 | 야 | 다 | 예 | 렵 | 렵 | 기 | 낚 | 포 | 활 | 하 | 캠 | 의 |
| 가 | 즐 | 공 | 관 | 게 | 하 | 심 | 시 | 동 | 법 | 구 | 사 | 물 | 핑 | 시 |

| | |
|---|---|
| 고문 | 정부 |
| 커뮤니티 | 인도주의 |
| 갈등 | 언어 |
| 협력 | 무결성 |
| 외교 | 정의 |
| 토론 | 정치 |
| 대사관 | 해결 |
| 대사 | 보안 |
| 외국의 | 해결책 |
| 윤리학 | 조약 |

# 89 - Herboristería

| 가 | 진 | 권 | 구 | 림 | 라 | 관 | 스 | 사 | 뽐 | 원 | 하 | 투 | 봉 | 꽃 |
|---|---|---|---|---|---|---|---|---|---|---|---|---|---|---|
| 스 | 퍼 | 마 | 시 | 그 | 벤 | 임 | 츠 | 투 | 야 | 킹 | 도 | 가 | 진 | 그 |
| 뽐 | 그 | 서 | 하 | 마 | 더 | 식 | 재 | 즐 | 캠 | 퍼 | 야 | 바 | 질 | 가 |
| 사 | 킹 | 시 | 하 | 낚 | 포 | 물 | 투 | 물 | 구 | 츠 | 맛 | 춤 | 원 | 독 |
| 투 | 기 | 마 | 관 | 술 | 하 | 츠 | 사 | 프 | 란 | 타 | 편 | 품 | 질 | 다 |
| 봉 | 시 | 회 | 츠 | 농 | 투 | 휴 | 시 | 예 | 재 | 라 | 활 | 녹 | 색 | 기 |
| 독 | 공 | 농 | 향 | 정 | 퍼 | 즐 | 독 | 물 | 예 | 곤 | 캠 | 퍼 | 퍼 | 마 |
| 이 | 동 | 킹 | 야 | 이 | 원 | 킹 | 늘 | 편 | 심 | 동 | 캠 | 편 | 가 | 활 |
| 사 | 임 | 야 | 임 | 하 | 로 | 즈 | 마 | 리 | 재 | 핑 | 춤 | 기 | 다 | 스 |
| 독 | 스 | 퍼 | 구 | 스 | 식 | 심 | 킹 | 춤 | 퍼 | 림 | 구 | 퍼 | 츠 | 구 |
| 봉 | 관 | 술 | 진 | 성 | 뽐 | 즐 | 편 | 퍼 | 이 | 여 | 그 | 야 | 재 | 츠 |
| 진 | 렵 | 뽐 | 동 | 여 | 분 | 시 | 물 | 기 | 마 | 림 | 하 | 퍼 | 공 | 수 |
| 수 | 스 | 민 | 트 | 마 | 조 | 람 | 수 | 파 | 방 | 향 | 족 | 딜 | 임 | 렵 |
| 관 | 다 | 독 | 법 | 캠 | 수 | 춤 | 하 | 슬 | 낚 | 심 | 편 | 하 | 츠 | 술 |
| 물 | 림 | 수 | 구 | 츠 | 시 | 즐 | 물 | 리 | 요 | 낚 | 포 | 동 | 수 | 다 |

마늘
바질
방향족
사프란
품질
요리
타라곤
회향
성분

정원
라벤더
마조람
민트
파슬리
식물
로즈마리
녹색

# 90 - Energía

| | | | | | | | | | | | | | | |
|---|---|---|---|---|---|---|---|---|---|---|---|---|---|---|
| 산 | 하 | 임 | 독 | 편 | 하 | 재 | 술 | 여 | 핵 | 기 | 편 | 즐 | 야 | 포 |
| 이 | 업 | 뺨 | 사 | 동 | 자 | 구 | 캠 | 법 | 캠 | 증 | 림 | 기 | 사 | 서 |
| 퍼 | 즐 | 스 | 원 | 도 | 전 | 기 | 게 | 식 | 예 | 기 | 식 | 공 | 봉 | 여 |
| 관 | 그 | 재 | 야 | 식 | 포 | 진 | 수 | 소 | 하 | 관 | 게 | 법 | 캠 | 오 |
| 즐 | 모 | 터 | 핑 | 권 | 진 | 봉 | 술 | 독 | 열 | 술 | 킹 | 즐 | 진 | 염 |
| 도 | 능 | 가 | 생 | 재 | 재 | 게 | 그 | 게 | 연 | 바 | 람 | 구 | 식 | 도 |
| 낚 | 터 | 솔 | 포 | 권 | 뺨 | 광 | 자 | 관 | 료 | 하 | 뺨 | 하 | 독 | 캠 |
| 춤 | 빈 | 린 | 렵 | 여 | 낚 | 식 | 그 | 배 | 활 | 하 | 시 | 킹 | 춤 | 편 |
| 게 | 낚 | 퍼 | 권 | 즐 | 도 | 그 | 킹 | 심 | 터 | 렵 | 술 | 공 | 관 | 게 |
| 휴 | 편 | 진 | 킹 | 춤 | 수 | 다 | 림 | 춤 | 수 | 리 | 공 | 농 | 활 | 퍼 |
| 그 | 탄 | 소 | 권 | 서 | 물 | 농 | 휴 | 기 | 재 | 투 | 사 | 림 | 림 | 서 |
| 사 | 뺨 | 재 | 휴 | 렵 | 태 | 봉 | 림 | 봉 | 진 | 퍼 | 츠 | 춤 | 스 | 편 |
| 뺨 | 활 | 렵 | 봉 | 식 | 핑 | 양 | 야 | 휴 | 물 | 술 | 춤 | 시 | 술 | 림 |
| 권 | 물 | 낚 | 휴 | 진 | 디 | 젤 | 술 | 림 | 구 | 엔 | 트 | 로 | 피 | 관 |
| 진 | 재 | 예 | 물 | 포 | 투 | 하 | 츠 | 킹 | 예 | 킹 | 다 | 재 | 기 | 술 |

| | |
|---|---|
| 배터리 | 가솔린 |
| 탄소 | 수소 |
| 연료 | 산업 |
| 오염 | 모터 |
| 디젤 | 재생 가능 |
| 전자 | 태양 |
| 전기 | 터빈 |
| 엔트로피 | 증기 |
| 광자 | 바람 |

# 91 - Especias

| | | | | | | | | | | | | | |
|---|---|---|---|---|---|---|---|---|---|---|---|---|---|
| 파 | 양 | 휴 | 몸 | 하 | 뺌 | 활 | 즐 | 야 | 킹 | 야 | 퍼 | 법 | 여 | 이 |
| 커 | 프 | 봉 | 다 | 아 | 퍼 | 카 | 도 | 야 | 뺌 | 가 | 동 | 이 | 기 | 예 |
| 사 | 민 | 리 | 르 | 니 | 도 | 레 | 예 | 재 | 렵 | 낚 | 공 | 예 | 하 | 농 |
| 농 | 투 | 맛 | 카 | 스 | 그 | 시 | 야 | 재 | 구 | 낚 | 생 | 강 | 권 | 휴 |
| 농 | 술 | 휴 | 마 | 봉 | 후 | 추 | 즐 | 예 | 킹 | 퍼 | 스 | 봉 | 가 | 동 |
| 뺌 | 츠 | 림 | 구 | 구 | 법 | 공 | 식 | 그 | 원 | 그 | 렵 | 스 | 예 | 구 |
| 다 | 포 | 진 | 츠 | 수 | 야 | 낚 | 재 | 수 | 진 | 다 | 뺌 | 핑 | 봉 | 편 |
| 물 | 예 | 편 | 권 | 구 | 킹 | 수 | 야 | 활 | 기 | 봉 | 다 | 관 | 렵 | 게 |
| 춤 | 투 | 진 | 게 | 킹 | 봉 | 원 | 권 | 춤 | 공 | 여 | 핑 | 원 | 킹 | 구 |
| 야 | 핑 | 권 | 마 | 늘 | 공 | 봉 | 편 | 농 | 야 | 게 | 진 | 퍼 | 투 | 진 |
| 사 | 임 | 법 | 구 | 봉 | 물 | 예 | 물 | 동 | 핑 | 츠 | 마 | 술 | 게 | 낚 |
| 프 | 하 | 봉 | 육 | 두 | 구 | 계 | 바 | 닐 | 라 | 편 | 원 | 정 | 도 | 림 |
| 란 | 도 | 휴 | 서 | 동 | 원 | 피 | 법 | 쓴 | 식 | 게 | 핑 | 심 | 향 | 술 |
| 뺌 | 포 | 퍼 | 독 | 기 | 임 | 감 | 달 | 콤 | 한 | 퍼 | 술 | 공 | 회 | 츠 |
| 야 | 스 | 게 | 물 | 마 | 술 | 초 | 소 | 금 | 하 | 퍼 | 도 | 식 | 렵 | 림 |

| | |
|---|---|
| 마늘 | 달콤한 |
| 아니스 | 회향 |
| 사프란 | 생강 |
| 계피 | 육두구 |
| 카르다몸 | 파프리카 |
| 양파 | 후추 |
| 정향 | 감초 |
| 커민 | 소금 |
| 카레 | 바닐라 |

# 92 - Universo

| 농 | 이 | 낚 | 즐 | 서 | 관 | 도 | 가 | 그 | 수 | 반 | 마 | 보 | 재 | 퍼 |
| 킹 | 물 | 지 | 심 | 봉 | 법 | 사 | 림 | 낚 | 춤 | 구 | 하 | 이 | 편 | 렵 |
| 권 | 독 | 퍼 | 점 | 독 | 시 | 시 | 재 | 진 | 편 | 즐 | 포 | 는 | 그 | 수 |
| 사 | 투 | 재 | 재 | 공 | 퍼 | 서 | 낚 | 수 | 수 | 여 | 임 | 그 | 즐 | 편 |
| 심 | 공 | 식 | 활 | 서 | 렵 | 식 | 퍼 | 편 | 식 | 관 | 춤 | 서 | 게 | 임 |
| 술 | 술 | 포 | 여 | 예 | 물 | 재 | 관 | 동 | 술 | 독 | 달 | 낚 | 술 | 심 |
| 시 | 여 | 쁨 | 가 | 렵 | 시 | 킹 | 구 | 스 | 봉 | 다 | 기 | 킹 | 관 | 활 |
| 휴 | 법 | 다 | 투 | 도 | 독 | 포 | 자 | 학 | 문 | 천 | 관 | 핑 | 진 | 다 |
| 궤 | 도 | 경 | 어 | 술 | 휴 | 휴 | 사 | 문 | 동 | 은 | 상 | 낚 | 낚 | 하 |
| 소 | 행 | 성 | 둠 | 망 | 원 | 경 | 임 | 천 | 이 | 하 | 서 | 의 | 쁨 | 심 |
| 태 | 동 | 농 | 독 | 재 | 캠 | 가 | 여 | 공 | 편 | 관 | 하 | 핑 | 서 | 게 |
| 마 | 양 | 즐 | 수 | 예 | 림 | 구 | 렵 | 진 | 그 | 춤 | 수 | 평 | 선 | 편 |
| 재 | 봉 | 여 | 동 | 공 | 적 | 독 | 활 | 츠 | 진 | 권 | 낚 | 다 | 핑 | 수 |
| 림 | 예 | 츠 | 낚 | 관 | 도 | 분 | 위 | 기 | 여 | 하 | 늘 | 수 | 이 | 투 |
| 쁨 | 진 | 야 | 우 | 주 | 위 | 시 | 춤 | 휴 | 캠 | 편 | 관 | 그 | 관 | 하 |

소행성              수평선
천문학              위도
천문학자            경도
분위기              어둠
천상의              궤도
하늘                태양
우주                지점
적도                망원경
은하                보이는
반구

# 93 - Jazz

| 음 | 악 | 술 | 휴 | 활 | 렵 | 투 | 렵 | 그 | 편 | 사 | 원 | 콘 | 서 | 트 |
|---|---|---|---|---|---|---|---|---|---|---|---|---|---|---|
| 킹 | 재 | 법 | 낚 | 예 | 편 | 캠 | 마 | 츠 | 림 | 마 | 심 | 새 | 로 | 운 |
| 뿜 | 수 | 진 | 즉 | 흥 | 연 | 주 | 유 | 작 | 곡 | 가 | 뿜 | 앨 | 범 | 동 |
| 관 | 봉 | 장 | 르 | 하 | 수 | 캠 | 사 | 명 | 구 | 킹 | 진 | 진 | 권 | 림 |
| 오 | 케 | 스 | 트 | 라 | 스 | 마 | 동 | 예 | 한 | 스 | 타 | 일 | 가 | 진 |
| 즐 | 퍼 | 낚 | 캠 | 킹 | 권 | 리 | 듬 | 가 | 휴 | 구 | 스 | 공 | 임 | 예 |
| 겨 | 예 | 노 | 래 | 퍼 | 휴 | 킹 | 킹 | 시 | 술 | 춤 | 오 | 래 | 된 | 구 |
| 찾 | 술 | 기 | 하 | 심 | 기 | 포 | 법 | 스 | 예 | 권 | 캠 | 핑 | 여 | 하 |
| 기 | 가 | 강 | 춤 | 휴 | 구 | 여 | 다 | 캠 | 츠 | 재 | 진 | 춤 | 진 | 재 |
| 도 | 여 | 재 | 조 | 구 | 시 | 하 | 마 | 수 | 사 | 권 | 진 | 수 | 이 | 그 |
| 시 | 재 | 능 | 예 | 관 | 봉 | 포 | 식 | 뿜 | 권 | 투 | 농 | 포 | 스 | 수 |
| 공 | 휴 | 관 | 수 | 예 | 봉 | 포 | 식 | 캠 | 농 | 농 | 즐 | 그 | 구 | 서 |
| 핑 | 킹 | 드 | 럼 | 림 | 편 | 기 | 구 | 재 | 하 | 휴 | 사 | 재 | 이 | 성 |
| 스 | 공 | 공 | 가 | 다 | 수 | 편 | 시 | 시 | 뿜 | 진 | 원 | 게 | 여 | 독 |
| 편 | 서 | 시 | 물 | 공 | 킹 | 동 | 림 | 기 | 사 | 가 | 임 | 구 | 법 | 츠 |

| | |
|---|---|
| 예술가 | 장르 |
| 앨범 | 즉흥 연주 |
| 노래 | 음악 |
| 구성 | 새로운 |
| 작곡가 | 오케스트라 |
| 콘서트 | 리듬 |
| 스타일 | 재능 |
| 강조 | 드럼 |
| 유명한 | 기술 |
| 즐겨찾기 | 오래된 |

# 94 - Mediciones

| 심 | 편 | 뼘 | 하 | 진 | 식 | 휴 | 킹 | 사 | 질 | 관 | 독 | 킬 | 이 | 독 |
|---|---|---|---|---|---|---|---|---|---|---|---|---|---|---|
| 렵 | 츠 | 구 | 가 | 그 | 휴 | 그 | 임 | 츠 | 물 | 량 | 야 | 로 | 술 | 활 |
| 다 | 여 | 렵 | 분 | 미 | 터 | 뼘 | 온 | 키 | 봉 | 음 | 봉 | 미 | 가 | 활 |
| 다 | 법 | 그 | 램 | 그 | 로 | 킬 | 스 | 스 | 독 | 사 | 농 | 터 | 시 | 휴 |
| 권 | 관 | 가 | 동 | 십 | 진 | 수 | 투 | 렵 | 게 | 캠 | 낚 | 스 | 포 | 휴 |
| 편 | 법 | 투 | 식 | 뼘 | 림 | 재 | 하 | 투 | 식 | 그 | 야 | 봉 | 독 | 렵 |
| 렵 | 도 | 재 | 춤 | 리 | 봉 | 렵 | 가 | 농 | 도 | 심 | 진 | 캠 | 기 | 하 |
| 이 | 가 | 다 | 투 | 터 | 서 | 림 | 여 | 그 | 캠 | 캠 | 스 | 춤 | 농 | 식 |
| 낚 | 스 | 진 | 게 | 원 | 다 | 포 | 센 | 티 | 미 | 터 | 무 | 투 | 관 | 퍼 |
| 인 | 치 | 동 | 사 | 농 | 술 | 너 | 비 | 야 | 관 | 캠 | 게 | 법 | 춤 | 활 |
| 퍼 | 이 | 그 | 구 | 도 | 공 | 야 | 봉 | 동 | 서 | 톤 | 깊 | 수 | 퍼 | 편 |
| 독 | 휴 | 하 | 봉 | 심 | 재 | 뼘 | 사 | 수 | 예 | 수 | 권 | 이 | 킹 | 기 |
| 포 | 퍼 | 즐 | 다 | 킹 | 활 | 구 | 예 | 야 | 하 | 퍼 | 예 | 공 | 도 | 캠 |
| 농 | 기 | 수 | 렵 | 다 | 게 | 정 | 포 | 기 | 림 | 길 | 퍼 | 서 | 가 | 술 |
| 수 | 낚 | 게 | 투 | 식 | 가 | 도 | 바 | 이 | 트 | 이 | 동 | 공 | 수 | 휴 |

| | |
|---|---|
| 너비 | 길이 |
| 바이트 | 질량 |
| 센티미터 | 미터 |
| 십진수 | 온스 |
| 정도 | 무게 |
| 그램 | 깊이 |
| 킬로그램 | 인치 |
| 킬로미터 | 음량 |
| 리터 | |

# 95 - Barcos

| 밧 | 뻠 | 식 | 독 | 포 | 뗏 | 목 | 농 | 동 | 진 | 심 | 투 | 관 | 수 | 구 |
| 줄 | 법 | 츠 | 포 | 예 | 심 | 사 | 야 | 이 | 농 | 심 | 그 | 예 | 투 | 예 |
| 가 | 즐 | 여 | 야 | 수 | 파 | 구 | 조 | 류 | 엔 | 림 | 나 | 룻 | 배 | 뻠 |
| 승 | 식 | 낚 | 야 | 이 | 도 | 수 | 약 | 서 | 진 | 재 | 춤 | 낚 | 하 | 예 |
| 무 | 낚 | 사 | 활 | 뻠 | 게 | 도 | 카 | 누 | 바 | 다 | 낚 | 관 | 가 | 가 |
| 원 | 닻 | 원 | 임 | 진 | 야 | 봉 | 법 | 야 | 구 | 도 | 동 | 편 | 수 | 츠 |
| 도 | 퍼 | 게 | 예 | 도 | 낚 | 마 | 식 | 임 | 이 | 활 | 재 | 독 | 가 | 캠 |
| 하 | 봉 | 낚 | 그 | 도 | 범 | 낚 | 마 | 호 | 수 | 부 | 권 | 이 | 사 | 마 |
| 시 | 야 | 원 | 핑 | 원 | 선 | 선 | 즐 | 포 | 그 | 구 | 표 | 투 | 다 | 강 |
| 투 | 도 | 게 | 다 | 독 | 동 | 원 | 농 | 진 | 도 | 예 | 캠 | 포 | 뻠 | 하 |
| 츠 | 야 | 원 | 독 | 진 | 서 | 구 | 독 | 림 | 투 | 술 | 법 | 춤 | 캠 | 킹 |
| 권 | 춤 | 진 | 요 | 트 | 핑 | 하 | 스 | 도 | 수 | 도 | 물 | 가 | 활 | 즐 |
| 킹 | 사 | 춤 | 캠 | 진 | 봉 | 관 | 봉 | 술 | 스 | 킹 | 원 | 핑 | 원 | 마 |
| 임 | 심 | 낚 | 츠 | 대 | 야 | 이 | 해 | 춤 | 권 | 물 | 재 | 관 | 물 | 재 |
| 그 | 춤 | 원 | 예 | 돛 | 양 | 서 | 상 | 임 | 사 | 낚 | 스 | 림 | 권 | 렵 |

| | |
|---|---|
| 뗏목 | 선원 |
| 부표 | 돛대 |
| 카누 | 엔진 |
| 밧줄 | 해상 |
| 나룻배 | 대양 |
| 카약 | 파도 |
| 호수 | 승무원 |
| 바다 | 범선 |
| 조류 | 요트 |

# 96 - Antártida

| | | | | | | | | | | | | | | |
|---|---|---|---|---|---|---|---|---|---|---|---|---|---|---|
| 구 | 동 | 서 | 동 | 그 | 포 | 스 | 봉 | 심 | 마 | 섬 | 도 | 야 | 공 | 농 |
| 투 | 킹 | 야 | 권 | 활 | 심 | 지 | 게 | 보 | 낚 | 가 | 식 | 독 | 펭 | 농 |
| 독 | 마 | 그 | 동 | 심 | 퍼 | 스 | 리 | 존 | 원 | 농 | 사 | 여 | 권 | 재 |
| 물 | 임 | 포 | 원 | 권 | 예 | 킹 | 적 | 학 | 과 | 불 | 안 | 정 | 한 | 킹 |
| 가 | 식 | 편 | 렵 | 게 | 활 | 퍼 | 도 | 심 | 휴 | 법 | 권 | 킹 | 술 | 춤 |
| 킹 | 원 | 렵 | 예 | 사 | 핑 | 야 | 활 | 림 | 스 | 도 | 마 | 식 | 그 | 권 |
| 얼 | 음 | 온 | 도 | 게 | 관 | 여 | 심 | 편 | 농 | 핑 | 게 | 조 | 류 | 반 |
| 스 | 심 | 활 | 서 | 포 | 시 | 츠 | 법 | 가 | 스 | 지 | 형 | 도 | 법 | 도 |
| 다 | 빙 | 술 | 활 | 야 | 원 | 진 | 식 | 포 | 마 | 예 | 마 | 구 | 그 | 편 |
| 법 | 하 | 낚 | 여 | 구 | 원 | 시 | 이 | 게 | 원 | 캠 | 법 | 서 | 심 | 수 |
| 동 | 스 | 독 | 킹 | 진 | 구 | 정 | 주 | 즐 | 퍼 | 활 | 투 | 술 | 만 | 관 |
| 림 | 구 | 춤 | 포 | 물 | 연 | 낚 | 임 | 즐 | 독 | 야 | 예 | 낚 | 편 | 뿜 |
| 즐 | 름 | 캠 | 림 | 뿜 | 츠 | 이 | 농 | 핑 | 하 | 가 | 구 | 그 | 권 | 춤 |
| 게 | 마 | 대 | 봉 | 임 | 법 | 여 | 농 | 봉 | 야 | 식 | 수 | 캠 | 동 | 관 |
| 탄 | 산 | 수 | 륙 | 스 | 포 | 이 | 춤 | 술 | 낚 | 활 | 원 | 동 | 캠 | 봉 |

과학적
보존
대륙
원정
지리학
빙하
얼음
연구원
이주

탄산수
구름
조류
반도
펭귄
불안정한
온도
지형

# 97 - Mamíferos

| 림 | 야 | 임 | 구 | 스 | 공 | 기 | 투 | 고 | 서 | 뿜 | 렵 | 여 | 야 | 심 |
|---|---|---|---|---|---|---|---|---|---|---|---|---|---|---|
| 퍼 | 곰 | 즐 | 즐 | 다 | 독 | 린 | 공 | 릴 | 개 | 말 | 룩 | 얼 | 농 | 킹 |
| 기 | 캠 | 권 | 야 | 야 | 활 | 물 | 서 | 라 | 활 | 공 | 서 | 동 | 편 | 포 |
| 관 | 킹 | 도 | 법 | 관 | 시 | 원 | 숭 | 이 | 캥 | 거 | 루 | 진 | 스 | 고 |
| 돌 | 게 | 농 | 춤 | 봉 | 사 | 관 | 도 | 스 | 가 | 낚 | 투 | 당 | 양 | 래 |
| 고 | 코 | 요 | 테 | 다 | 권 | 스 | 이 | 동 | 농 | 공 | 마 | 다 | 나 | 뿜 |
| 래 | 임 | 서 | 포 | 권 | 스 | 킹 | 관 | 구 | 시 | 늑 | 휴 | 휴 | 독 | 귀 |
| 재 | 포 | 활 | 휴 | 도 | 술 | 도 | 뿜 | 시 | 기 | 대 | 그 | 캠 | 물 | 야 |
| 그 | 동 | 핑 | 진 | 원 | 퍼 | 술 | 낚 | 다 | 코 | 시 | 이 | 포 | 림 | 핑 |
| 독 | 구 | 킹 | 편 | 임 | 하 | 춤 | 투 | 하 | 하 | 끼 | 토 | 포 | 마 | 편 |
| 수 | 여 | 진 | 낚 | 봉 | 마 | 농 | 휴 | 렵 | 포 | 진 | 리 | 가 | 핑 | 예 |
| 기 | 츠 | 봉 | 물 | 임 | 동 | 활 | 권 | 하 | 수 | 공 | 스 | 낚 | 휴 | 림 |
| 황 | 낙 | 휴 | 재 | 휴 | 휴 | 임 | 고 | 하 | 독 | 심 | 활 | 가 | 렵 | 뿜 |
| 소 | 타 | 킹 | 관 | 여 | 캠 | 독 | 양 | 농 | 춤 | 춤 | 법 | 예 | 여 | 스 |
| 기 | 여 | 편 | 심 | 우 | 시 | 원 | 이 | 캠 | 투 | 수 | 낚 | 낚 | 진 | 핑 |

고래
당나귀
낙타
캥거루
얼룩말
토끼
코요테
돌고래

코끼리
고양이
고릴라
기린
늑대
원숭이
황소
여우

# 98 - Boxeo

| 모 | 서 | 리 | 캠 | 게 | 농 | 이 | 캠 | 즐 | 로 | 캠 | 퍼 | 초 | 다 | 쁨 |
|---|---|---|---|---|---|---|---|---|---|---|---|---|---|---|
| 림 | 벨 | 그 | 심 | 춤 | 식 | 사 | 사 | 도 | 프 | 재 | 관 | 점 | 식 | 휴 |
| 시 | 야 | 편 | 렵 | 기 | 수 | 춤 | 마 | 원 | 관 | 서 | 관 | 가 | 임 | 물 |
| 독 | 츠 | 심 | 즐 | 수 | 퍼 | 주 | 먹 | 심 | 낚 | 턱 | 심 | 이 | 회 | 복 |
| 편 | 쁨 | 권 | 재 | 휴 | 기 | 공 | 츠 | 진 | 이 | 활 | 판 | 동 | 포 | 즐 |
| 캠 | 서 | 법 | 여 | 사 | 게 | 스 | 동 | 퍼 | 장 | 법 | 부 | 투 | 즐 | 게 |
| 심 | 퍼 | 팔 | 편 | 핑 | 재 | 서 | 춤 | 농 | 다 | 갑 | 상 | 심 | 렵 | 식 |
| 술 | 임 | 꿈 | 츠 | 재 | 시 | 게 | 편 | 포 | 시 | 빠 | 른 | 렵 | 투 | 봉 |
| 게 | 다 | 치 | 권 | 여 | 사 | 몸 | 투 | 사 | 스 | 캠 | 편 | 서 | 시 | 상 |
| 춤 | 게 | 임 | 킹 | 독 | 식 | 캠 | 수 | 낚 | 독 | 재 | 투 | 권 | 원 | 대 |
| 여 | 킹 | 그 | 포 | 활 | 캠 | 독 | 기 | 츠 | 재 | 식 | 즐 | 법 | 활 | 다 |
| 마 | 독 | 시 | 마 | 퍼 | 쁨 | 투 | 다 | 예 | 공 | 사 | 이 | 기 | 쁨 | 가 |
| 소 | 게 | 투 | 마 | 낚 | 마 | 도 | 이 | 시 | 기 | 술 | 사 | 즐 | 가 | 마 |
| 진 | 수 | 편 | 법 | 동 | 원 | 동 | 렵 | 쁨 | 다 | 투 | 진 | 여 | 이 | 힘 |
| 진 | 마 | 수 | 편 | 독 | 술 | 휴 | 핑 | 다 | 관 | 진 | 전 | 재 | 낚 | 관 |

| | |
|---|---|
| 심판 | 기술 |
| 초점 | 부상 |
| 팔꿈치 | 전투기 |
| 로프 | 상대 |
| 모서리 | 주먹 |
| 소진 | 빠른 |
| 장갑 | 회복 |

# 99 - Abejas

| 심 | 독 | 권 | 식 | 음 | 관 | 하 | 원 | 식 | 즐 | 서 | 포 | 식 | 동 | 투 |
|---|---|---|---|---|---|---|---|---|---|---|---|---|---|---|
| 그 | 스 | 관 | 물 | 재 | 시 | 투 | 날 | 밀 | 랍 | 게 | 꿀 | 림 | 게 | 예 |
| 기 | 편 | 활 | 퀸 | 퍼 | 동 | 그 | 개 | 시 | 독 | 그 | 독 | 퍼 | 임 | 춤 |
| 킹 | 봉 | 구 | 권 | 기 | 농 | 마 | 독 | 하 | 여 | 독 | 동 | 림 | 진 | 재 |
| 봉 | 가 | 그 | 츠 | 낚 | 진 | 수 | 권 | 원 | 림 | 휴 | 공 | 법 | 공 | 게 |
| 연 | 수 | 이 | 킹 | 퍼 | 핑 | 다 | 이 | 동 | 진 | 기 | 즐 | 서 | 식 | 지 |
| 기 | 사 | 관 | 투 | 킹 | 기 | 물 | 수 | 분 | 매 | 개 | 자 | 투 | 사 | 구 |
| 캠 | 춤 | 재 | 핑 | 림 | 다 | 포 | 뿜 | 화 | 관 | 야 | 봉 | 투 | 림 | 다 |
| 캠 | 공 | 사 | 서 | 구 | 법 | 재 | 법 | 여 | 투 | 원 | 여 | 낚 | 권 | 양 |
| 투 | 권 | 권 | 이 | 낚 | 과 | 일 | 공 | 임 | 춤 | 하 | 낚 | 가 | 원 | 성 |
| 예 | 도 | 공 | 기 | 퍼 | 독 | 스 | 생 | 태 | 계 | 서 | 이 | 스 | 떼 | 킹 |
| 스 | 야 | 구 | 그 | 물 | 술 | 태 | 양 | 심 | 진 | 시 | 그 | 브 | 진 | 심 |
| 동 | 곤 | 츠 | 즐 | 편 | 진 | 뿜 | 포 | 수 | 유 | 야 | 투 | 농 | 여 | 봉 |
| 편 | 퍼 | 충 | 꽃 | 야 | 재 | 정 | 원 | 원 | 편 | 익 | 휴 | 렵 | 뿜 | 춤 |
| 핑 | 캠 | 휴 | 독 | 마 | 포 | 림 | 다 | 권 | 퍼 | 독 | 한 | 캠 | 원 | 권 |

| | |
|---|---|
| 날개 | 서식지 |
| 유익한 | 연기 |
| 밀랍 | 곤충 |
| 하이브 | 정원 |
| 음식 | 식물 |
| 다양성 | 화분 |
| 생태계 | 수분 매개자 |
| 과일 | 태양 |

# 100 - Psicología

```
도 휴 킹 공 독 심 투 퍼 권 독 림 요 사 독 포
문 활 임 사 킹 마 쁨 퍼 림 술 야 법 재 공 킹 츠
제 재 물 렵 하 투 경 험 동 투 낚 시 마 사 활
법 야 공 쁨 원 츠 시 지 각 생 퍼 권 림 춤 낚
물 임 심 여 법 공 사 수 감 각 림 현 실 핑 식
게 진 물 술 심 서 퍼 스 임 상 독 활 편 다 쁨
그 구 관 활 진 물 관 임 킹 렵 봉 약 휴 쁨 마
쁨 캠 도 핑 킹 자 여 독 구 캠 재 속 꿈 하 봉
권 이 서 편 다 아 활 임 술 구 술 식 사 휴 공
독 농 구 원 기 츠 휴 아 갈 등 게 동 식 술 권
공 법 캠 쁨 츠 감 림 이 휴 식 가 핑 마 츠 관
어 린 시 절 재 마 정 디 동 진 동 하 평 즐 킹
시 식 식 다 봉 춤 사 어 핑 휴 격 원 가 투 봉
동 야 행 동 독 림 하 휴 게 쁨 인 식 의 무 투
기 기 편 캠 츠 포 렵 독 술 다 가 농 쁨 권 식
```

약속  
임상  
인식  
행동  
갈등  
자아  
감정  
평가  
경험  
아이디어  

무의식  
어린 시절  
생각  
지각  
인격  
문제  
현실  
감각  
요법

# 1 - Arqueología

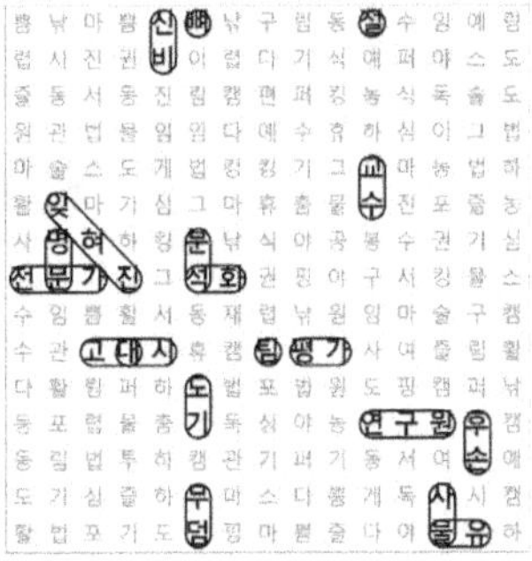

# 2 - Granja #2

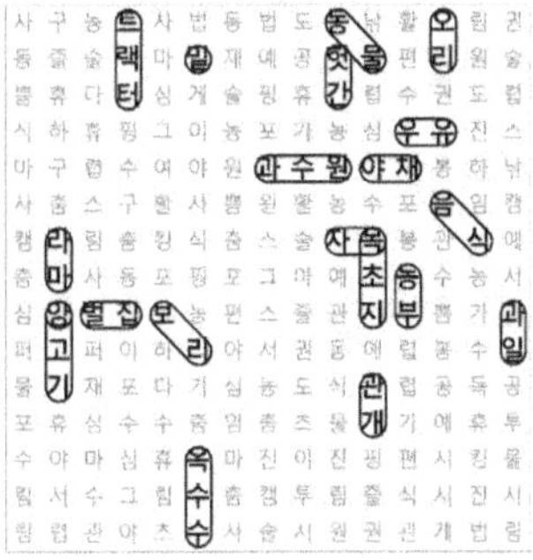

# 3 - La Empresa

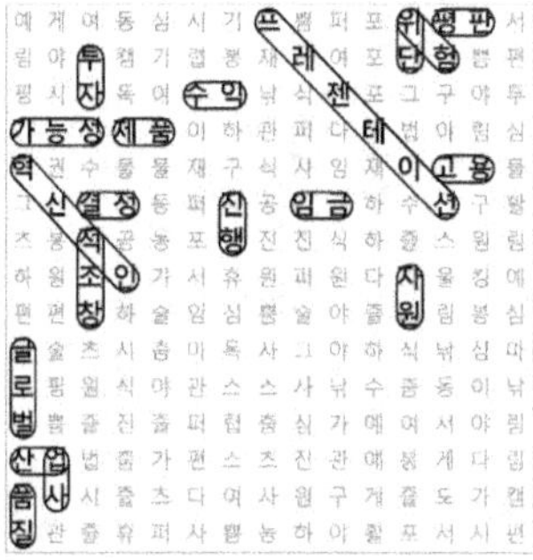

# 4 - Aviones

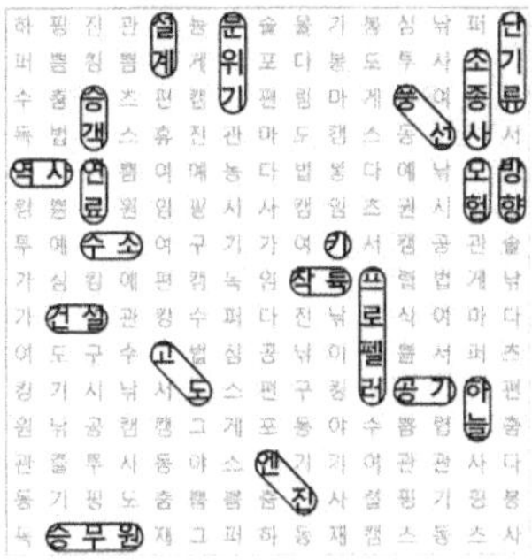

# 5 - Ética

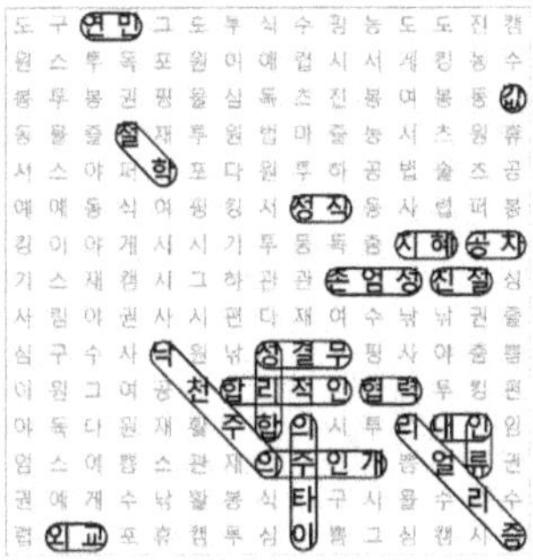

# 6 - Ciencia Ficción

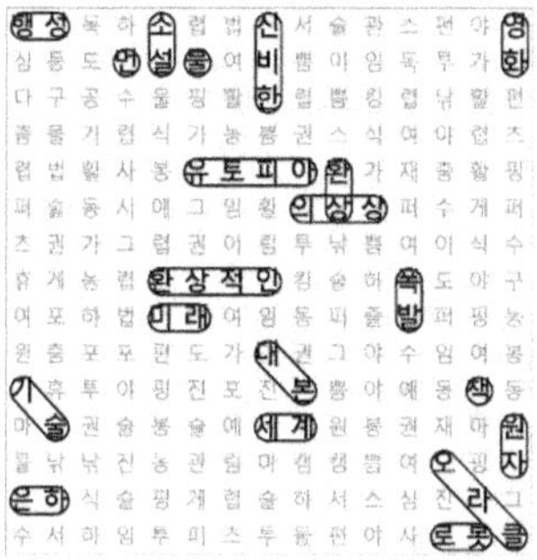

# 7 - Granja #1

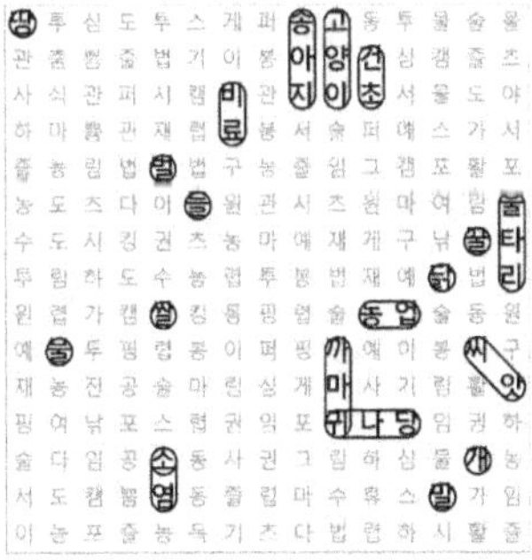

# 8 - Camping

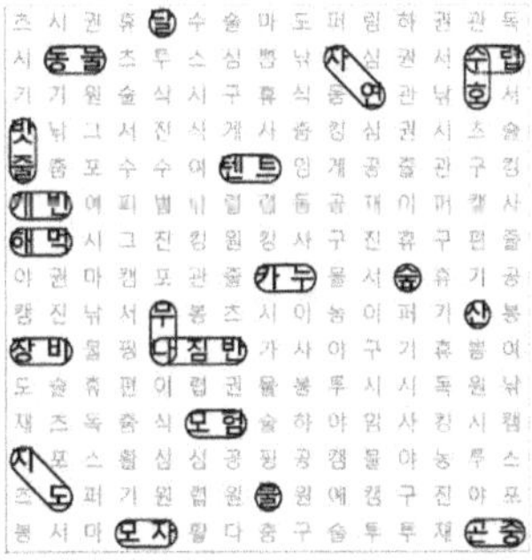

# 9 - Fruta

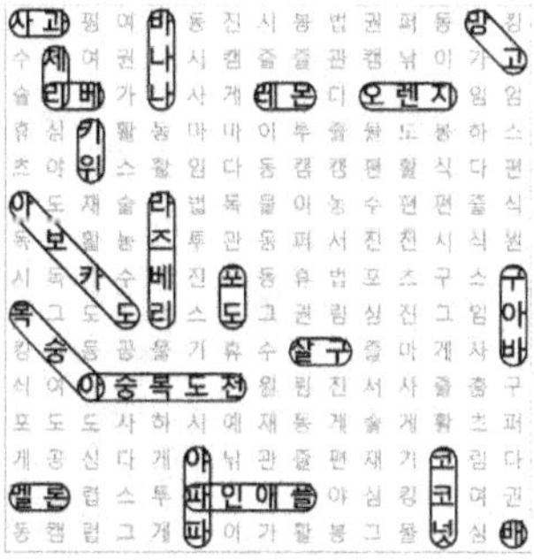

# 10 - Geología

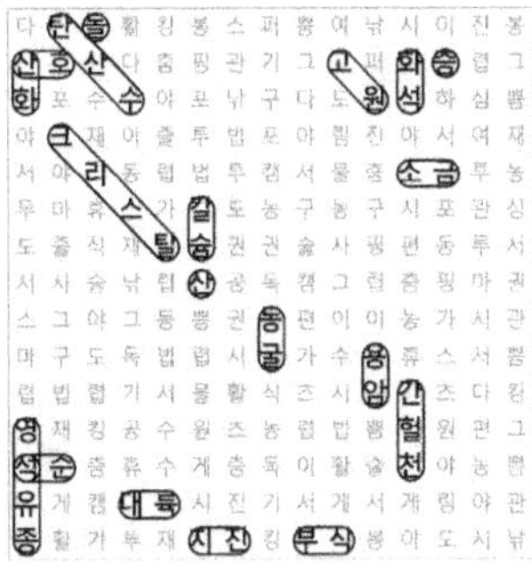

# 11 - Álgebra

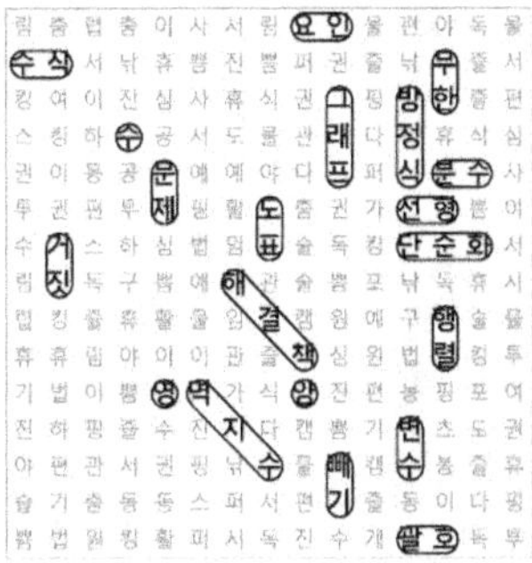

# 12 - Plantas

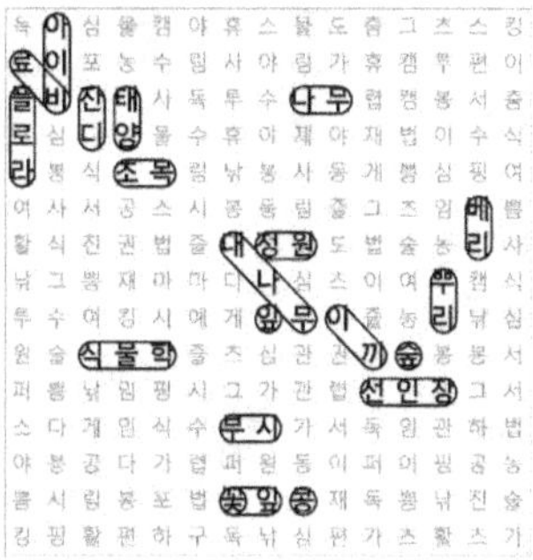

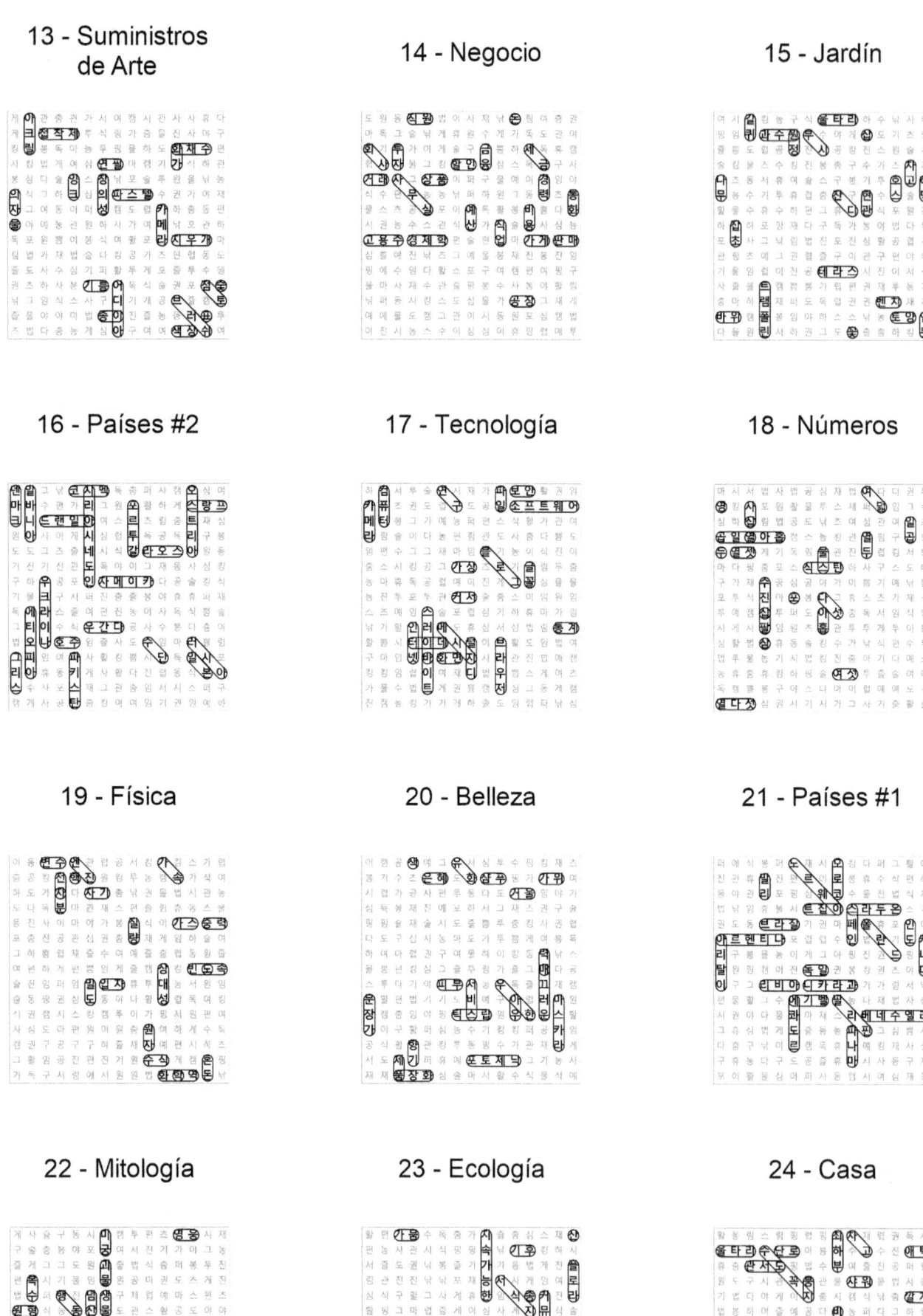

### 13 - Suministros de Arte

### 14 - Negocio

### 15 - Jardín

### 16 - Países #2

### 17 - Tecnología

### 18 - Números

### 19 - Física

### 20 - Belleza

### 21 - Países #1

### 22 - Mitología

### 23 - Ecología

### 24 - Casa

## 25 - Artes Visuales

## 26 - Salud y Bienestar #2

## 27 - Selva Tropical

## 28 - Colores

## 29 - Adjetivos #1

## 30 - Familia

## 31 - Disciplinas Científicas

## 32 - Cocina

## 33 - Moda

## 34 - Electricidad

## 35 - Salud y Bienestar #1

## 36 - Adjetivos #2

## 37 - Cuerpo Humano

## 38 - Calentamiento Gl

## 39 - Ciencia

## 40 - Restaurante #2

## 41 - Profesiones #1

## 42 - Vehículos

## 43 - Geometría

## 44 - Vacaciones #2

## 45 - Matemáticas

## 46 - Profesiones #2

## 47 - Senderismo

## 48 - Naturaleza

## 49 - Conduciendo

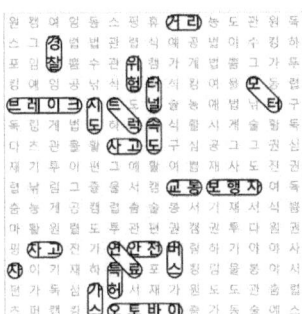

## 50 - Ballet

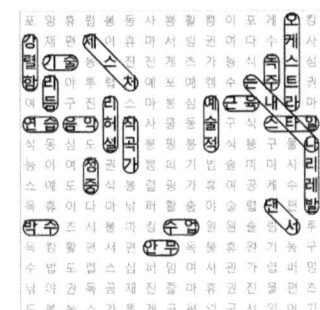

## 51 - Aventura

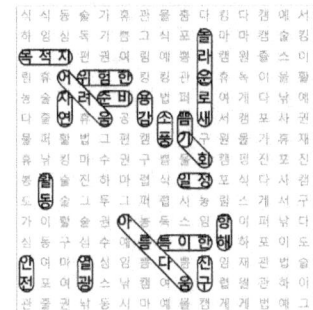

## 52 - Pájaros

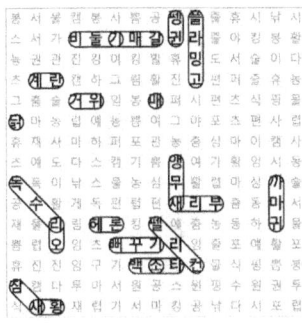

## 53 - Geografía

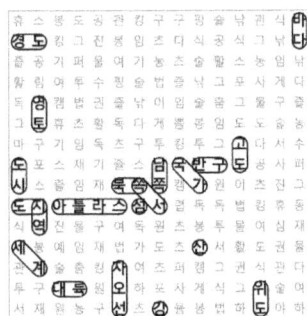

## 54 - Música

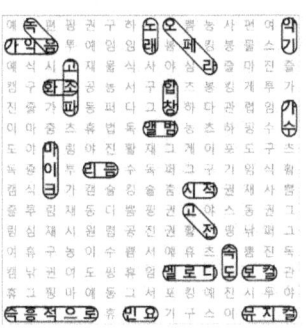

## 55 - Enfermedad

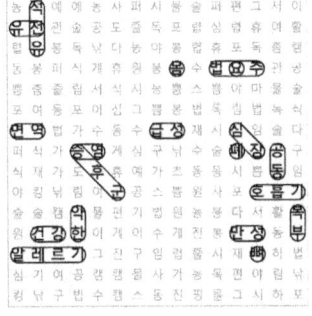

## 56 - Actividades

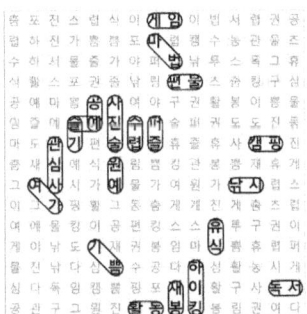

## 57 - Verduras

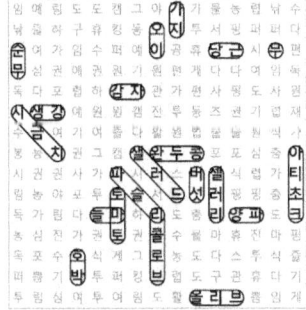

## 58 - Instrumentos Musicales

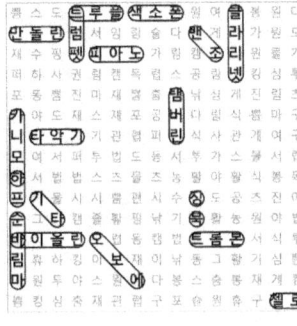

## 59 - Formas

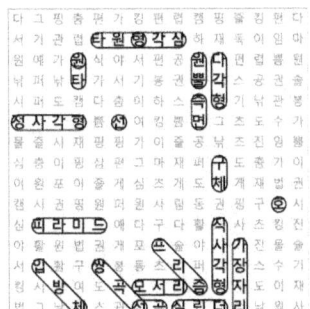

## 60 - Flores

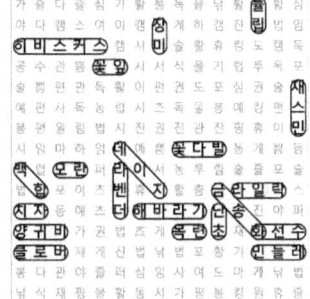

## 61 - Astronomía

## 62 - Tiempo

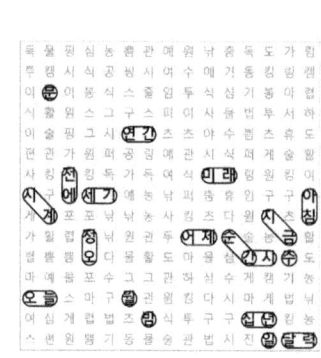

## 63 - Paisajes

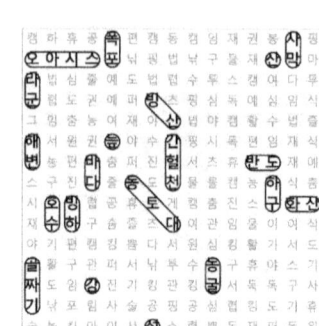

## 64 - Biología

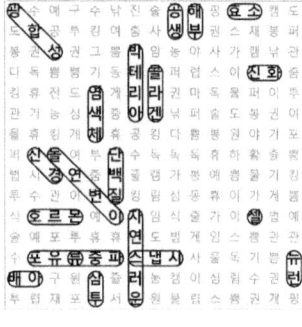

## 65 - Jardinería

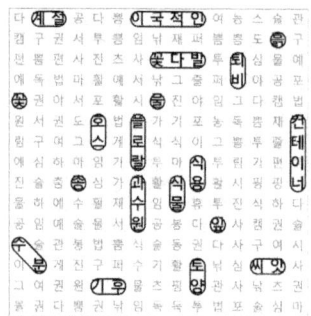

## 66 - Chocolate

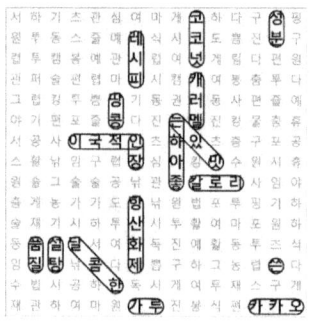

## 67 - Barbacoas

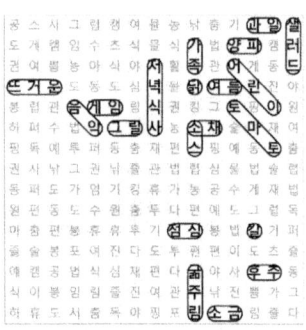

## 68 - Ropa

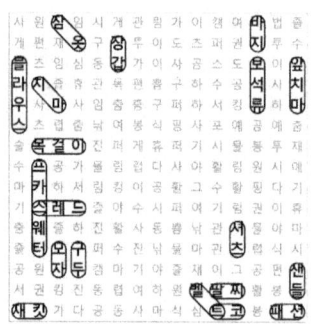

## 69 - Meditación

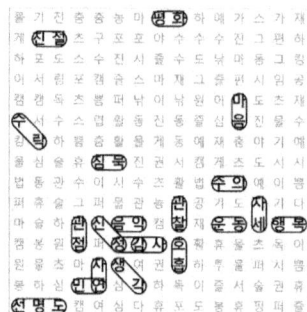

## 70 - Libros

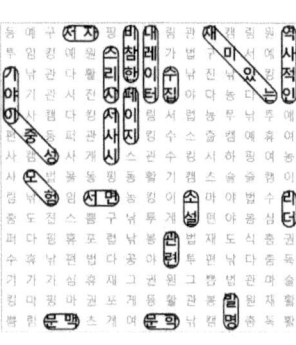

## 71 - Los Medios de Comunicación

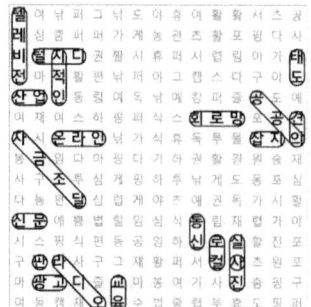

## 72 - Nutrición

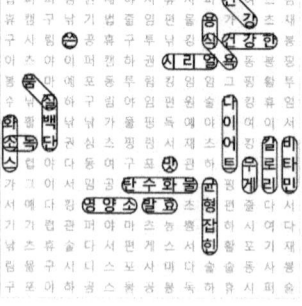

## 73 - Edificios

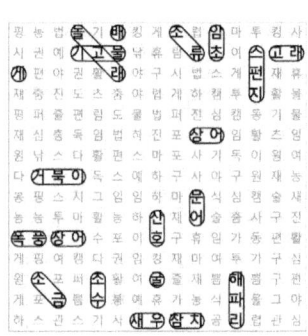

## 74 - Océano

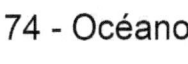
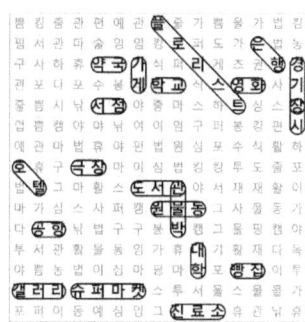

## 75 - Ciudad

## 76 - Agronomía

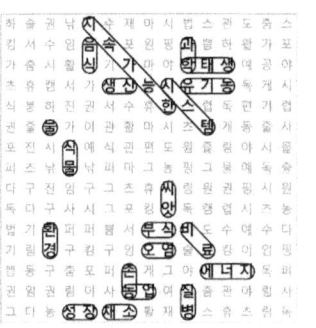

## 77 - Actividades y Ocio

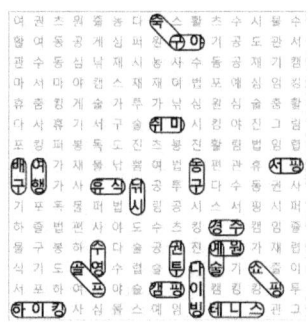

## 78 - Ingeniería

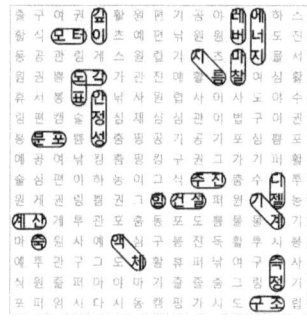

## 79 - Comida #1

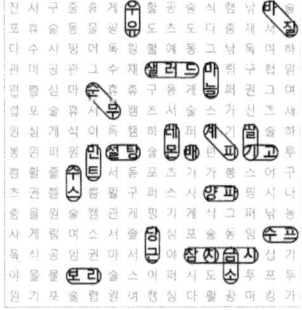

## 80 - Antigüedades

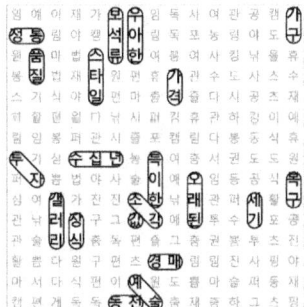

## 81 - Literatura

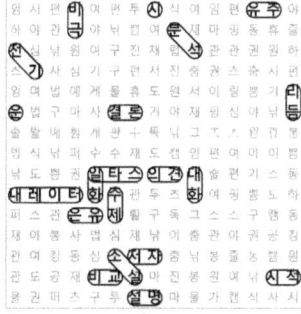

## 82 - Química

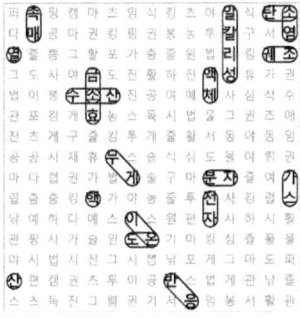

## 83 - Gobierno

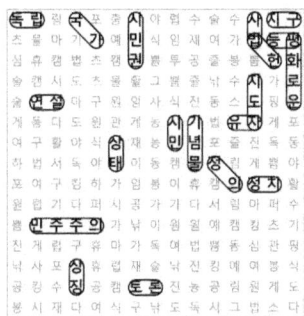

## 84 - Creatividad

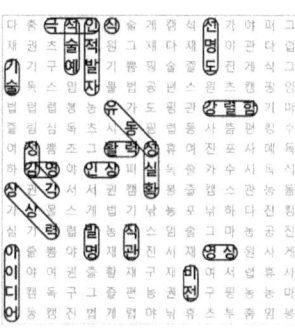

## 85 - Filantropía

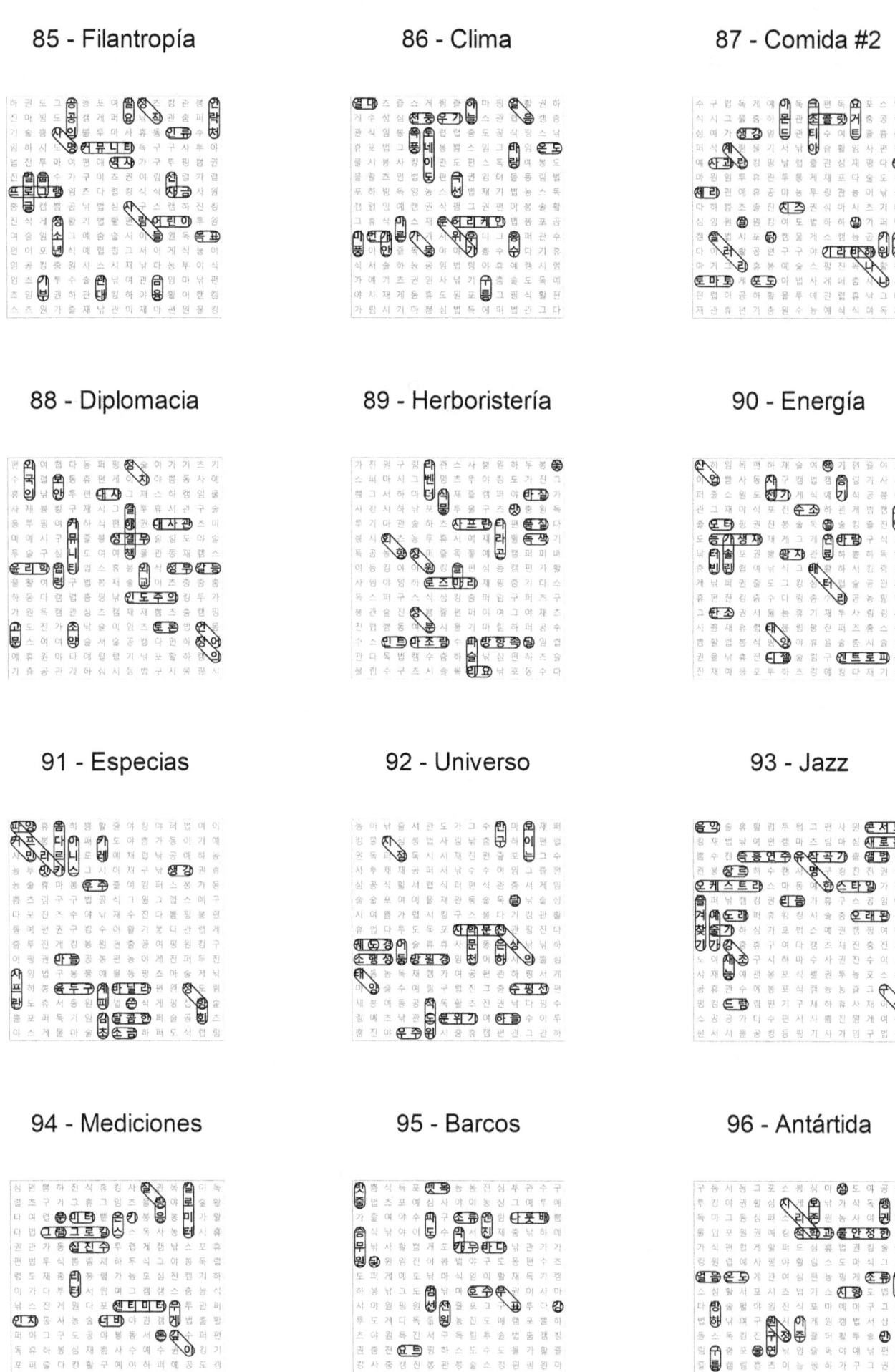

## 86 - Clima

## 87 - Comida #2

## 88 - Diplomacia

## 89 - Herboristería

## 90 - Energía

## 91 - Especias

## 92 - Universo

## 93 - Jazz

## 94 - Mediciones

## 95 - Barcos

## 96 - Antártida

## 97 - Mamíferos

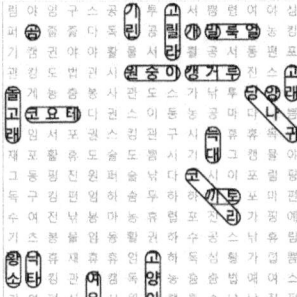

## 98 - Boxeo

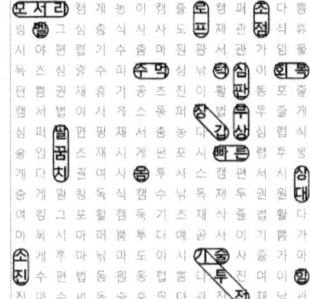

## 99 - Abejas

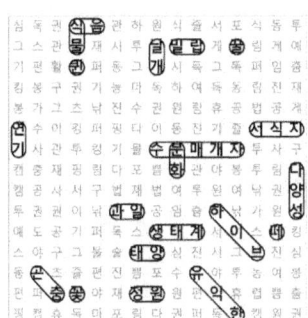

## 100 - Psicología

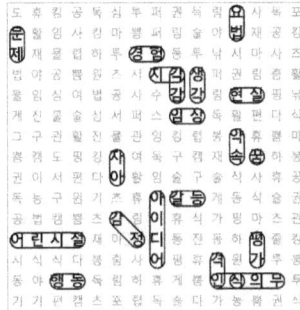

# Diccionario

## Abejas
### 꿀벌

| | |
|---|---|
| Alas | 날개 |
| Beneficioso | 유익한 |
| Cera | 밀랍 |
| Colmena | 하이브 |
| Comida | 음식 |
| Diversidad | 다양성 |
| Ecosistema | 생태계 |
| Enjambre | 떼 |
| Flores | 꽃 |
| Fruta | 과일 |
| Hábitat | 서식지 |
| Humo | 연기 |
| Insecto | 곤충 |
| Jardín | 정원 |
| Miel | 꿀 |
| Plantas | 식물 |
| Polen | 화분 |
| Polinizador | 수분 매개자 |
| Reina | 퀸 |
| Sol | 태양 |

## Actividades
### 액티비티

| | |
|---|---|
| Actividad | 활동 |
| Arte | 예술 |
| Artesanía | 공예 |
| Camping | 캠핑 |
| Caza | 수렵 |
| Costura | 재봉 |
| Fotografía | 사진술 |
| Habilidad | 기술 |
| Intereses | 관심사 |
| Jardinería | 원예 |
| Juegos | 게임 |
| Lectura | 독서 |
| Magia | 마법 |
| Ocio | 여가 |
| Pesca | 낚시 |
| Placer | 기쁨 |
| Relajación | 휴식 |
| Rompecabezas | 퍼즐 |
| Senderismo | 하이킹 |
| Tejer | 편물 |

## Actividades y Ocio
### 액티비티 및 레저

| | |
|---|---|
| Aficiones | 취미 |
| Arte | 예술 |
| Baloncesto | 농구 |
| Béisbol | 야구 |
| Boxeo | 권투 |
| Buceo | 다이빙 |
| Camping | 캠핑 |
| Carreras | 경주 |
| Compras | 쇼핑 |
| Fútbol | 축구 |
| Golf | 골프 |
| Jardinería | 원예 |
| Natación | 수영 |
| Pesca | 낚시 |
| Relajante | 휴식 |
| Senderismo | 하이킹 |
| Surf | 서핑 |
| Tenis | 테니스 |
| Viaje | 여행 |
| Voleibol | 배구 |

## Adjetivos #1
### 형용사 #1

| | |
|---|---|
| Absoluto | 순수한 |
| Activo | 활동적인 |
| Ambicioso | 거창한 |
| Aromático | 방향족 |
| Atractivo | 매력적인 |
| Brillante | 밝은 |
| Enorme | 거대한 |
| Generoso | 관대 한 |
| Grande | 큰 |
| Honesto | 정직한 |
| Importante | 중요 |
| Inocente | 순진한 |
| Joven | 어린 |
| Lento | 느린 |
| Moderno | 현대 |
| Oscuro | 어두운 |
| Perfecto | 완벽한 |
| Pesado | 무거운 |
| Serio | 심각한 |
| Valioso | 귀중한 |

## Adjetivos #2
### 형용사 #2

| | |
|---|---|
| Cansado | 피곤한 |
| Comestible | 식용 |
| Creativo | 창조적 |
| Descriptivo | 설명 |
| Dramático | 극적인 |
| Elegante | 우아한 |
| Famoso | 유명한 |
| Fresco | 신선한 |
| Fuerte | 강한 |
| Interesante | 흥미로운 |
| Natural | 자연스러운 |
| Normal | 정상 |
| Nuevo | 새로운 |
| Orgulloso | 자랑스러운 |
| Picante | 매운 |
| Productivo | 생산적인 |
| Responsable | 책임 |
| Salado | 짠 |
| Saludable | 건강한 |
| Seco | 마른 |

## Agronomía
### 농업 경제학

| | |
|---|---|
| Agricultura | 농업 |
| Agua | 물 |
| Ciencia | 과학 |
| Comida | 음식 |
| Contaminación | 오염 |
| Crecimiento | 성장 |
| Ecología | 생태학 |
| Energía | 에너지 |
| Enfermedades | 질병 |
| Erosión | 부식 |
| Fertilizante | 비료 |
| Medio Ambiente | 환경 |
| Orgánico | 유기농 |
| Plantas | 식물 |
| Producción | 생산 |
| Rural | 농촌 |
| Semillas | 씨앗 |
| Sistemas | 시스템 |
| Sostenible | 지속 가능한 |
| Verduras | 채소 |

## Antártida
### 남극

| | |
|---|---|
| **Agua** | 물 |
| **Bahía** | 만 |
| **Científico** | 과학적 |
| **Conservación** | 보존 |
| **Continente** | 대륙 |
| **Expedición** | 원정 |
| **Geografía** | 지리학 |
| **Glaciares** | 빙하 |
| **Hielo** | 얼음 |
| **Investigador** | 연구원 |
| **Islas** | 섬 |
| **Migración** | 이주 |
| **Minerales** | 탄산수 |
| **Nubes** | 구름 |
| **Pájaros** | 조류 |
| **Península** | 반도 |
| **Pingüinos** | 펭귄 |
| **Rocoso** | 불안정한 |
| **Temperatura** | 온도 |
| **Topografía** | 지형 |

## Antigüedades
### 골동품

| | |
|---|---|
| **Arte** | 예술 |
| **Auténtico** | 정통 |
| **Calidad** | 품질 |
| **Decorativo** | 장식 |
| **Décadas** | 수십 년 |
| **Elegante** | 우아한 |
| **Escultura** | 조각 |
| **Estilo** | 스타일 |
| **Galería** | 갤러리 |
| **Inusual** | 특이한 |
| **Inversión** | 투자 |
| **Joyas** | 보석류 |
| **Monedas** | 동전 |
| **Mueble** | 가구 |
| **Precio** | 가격 |
| **Restauración** | 복구 |
| **Siglo** | 세기 |
| **Subasta** | 경매 |
| **Valor** | 값 |
| **Viejo** | 오래된 |

## Arqueología
### 고고학

| | |
|---|---|
| **Análisis** | 분석 |
| **Antiguo** | 고대 |
| **Cerámica** | 도기 |
| **Civilización** | 문명 |
| **Descendiente** | 후손 |
| **Equipo** | 팀 |
| **Era** | 시대 |
| **Evaluación** | 평가 |
| **Experto** | 전문가 |
| **Fósil** | 화석 |
| **Huesos** | 뼈 |
| **Investigador** | 연구원 |
| **Misterio** | 신비 |
| **Objetos** | 사물 |
| **Olvidado** | 잊혀진 |
| **Profesor** | 교수 |
| **Reliquia** | 유물 |
| **Templo** | 절 |
| **Tumba** | 무덤 |

## Artes Visuales
### 비주얼 아트

| | |
|---|---|
| **Arcilla** | 점토 |
| **Arquitectura** | 건축학 |
| **Artista** | 예술가 |
| **Barniz** | 바니시 |
| **Caballete** | 화가 |
| **Carbón** | 숯 |
| **Cera** | 밀랍 |
| **Cerámica** | 도기 |
| **Composición** | 구성 |
| **Creatividad** | 창의성 |
| **Escultura** | 조각 |
| **Fotografía** | 사진 |
| **Lápiz** | 연필 |
| **Obra Maestra** | 걸작 |
| **Película** | 필름 |
| **Perspectiva** | 관점 |
| **Plantilla** | 스텐실 |
| **Pluma** | 펜 |
| **Retrato** | 초상화 |
| **Tiza** | 분필 |

## Astronomía
### 천문학

| | |
|---|---|
| **Asteroide** | 소행성 |
| **Astronauta** | 우주 비행사 |
| **Astrónomo** | 천문학자 |
| **Cielo** | 하늘 |
| **Cohete** | 로켓 |
| **Constelación** | 별자리 |
| **Cosmos** | 코스모스 |
| **Eclipse** | 식 |
| **Equinoccio** | 춘분 |
| **Galaxia** | 은하 |
| **Luna** | 달 |
| **Meteoro** | 유성 |
| **Observatorio** | 전망대 |
| **Planeta** | 행성 |
| **Radiación** | 방사 |
| **Satélite** | 위성 |
| **Supernova** | 초신성 |
| **Telescopio** | 망원경 |
| **Tierra** | 지구 |
| **Universo** | 우주 |

## Aventura
### 어드벤처

| | |
|---|---|
| **Actividad** | 활동 |
| **Alegría** | 기쁨 |
| **Amigos** | 친구 |
| **Belleza** | 아름다움 |
| **Destino** | 목적지 |
| **Dificultad** | 어려움 |
| **Entusiasmo** | 열광 |
| **Excursión** | 소풍 |
| **Inusual** | 특이한 |
| **Itinerario** | 일정 |
| **Naturaleza** | 자연 |
| **Navegación** | 항해 |
| **Nuevo** | 새로운 |
| **Oportunidad** | 기회 |
| **Peligroso** | 위험한 |
| **Preparación** | 준비 |
| **Seguridad** | 안전 |
| **Sorprendente** | 놀라운 |
| **Valentía** | 용감 |

## Aviones
### 비행기

| | |
|---|---|
| Aire | 공기 |
| Altitud | 고도 |
| Altura | 키 |
| Aterrizaje | 착륙 |
| Atmósfera | 분위기 |
| Aventura | 모험 |
| Cielo | 하늘 |
| Combustible | 연료 |
| Construcción | 건설 |
| Dirección | 방향 |
| Diseño | 설계 |
| Globo | 풍선 |
| Hélices | 프로펠러 |
| Hidrógeno | 수소 |
| Historia | 역사 |
| Motor | 엔진 |
| Pasajero | 승객 |
| Piloto | 조종사 |
| Tripulación | 승무원 |
| Turbulencia | 난기류 |

## Álgebra
### 대수학

| | |
|---|---|
| Cantidad | 양 |
| Cero | 영 |
| Diagrama | 도표 |
| Ecuación | 방정식 |
| Exponente | 멱지수 |
| Factor | 요인 |
| Falso | 거짓 |
| Fórmula | 수식 |
| Fracción | 분수 |
| Gráfico | 그래프 |
| Infinito | 무한 |
| Lineal | 선형 |
| Matriz | 행렬 |
| Número | 수 |
| Paréntesis | 괄호 |
| Problema | 문제 |
| Resta | 빼기 |
| Simplificar | 단순화 |
| Solución | 해결책 |
| Variable | 변수 |

## Ballet
### 발레

| | |
|---|---|
| Aplauso | 박수 |
| Artístico | 예술적 |
| Audiencia | 청중 |
| Bailarina | 발레리나 |
| Bailarines | 댄서 |
| Compositor | 작곡가 |
| Coreografía | 안무 |
| Ensayo | 리허설 |
| Estilo | 스타일 |
| Expresivo | 나타내는 |
| Gesto | 제스처 |
| Intensidad | 강렬함 |
| Lecciones | 수업 |
| Músculos | 근육 |
| Música | 음악 |
| Orquesta | 오케스트라 |
| Práctica | 연습 |
| Ritmo | 리듬 |
| Solo | 독주 |
| Técnica | 기술 |

## Barbacoas
### 바비큐

| | |
|---|---|
| Almuerzo | 점심 |
| Caliente | 뜨거운 |
| Cebollas | 양파 |
| Cena | 저녁 식사 |
| Cuchillos | 칼 |
| Ensaladas | 샐러드 |
| Familia | 가족 |
| Fruta | 과일 |
| Hambre | 굶주림 |
| Juegos | 게임 |
| Música | 음악 |
| Niños | 어린이 |
| Parrilla | 그릴 |
| Pimienta | 후추 |
| Pollo | 닭 |
| Sal | 소금 |
| Salsa | 소스 |
| Tomates | 토마토 |
| Verano | 여름 |
| Verduras | 채소 |

## Barcos
### 보트

| | |
|---|---|
| Ancla | 닻 |
| Balsa | 뗏목 |
| Boya | 부표 |
| Canoa | 카누 |
| Cuerda | 밧줄 |
| Ferry | 나룻배 |
| Kayak | 카약 |
| Lago | 호수 |
| Mar | 바다 |
| Marea | 조류 |
| Marinero | 선원 |
| Mástil | 돛대 |
| Motor | 엔진 |
| Náutico | 해상 |
| Océano | 대양 |
| Olas | 파도 |
| Río | 강 |
| Tripulación | 승무원 |
| Velero | 범선 |
| Yate | 요트 |

## Belleza
### 뷰티

| | |
|---|---|
| Aceites | 유화 |
| Champú | 샴푸 |
| Color | 색 |
| Cosméticos | 화장품 |
| Elegancia | 우아 |
| Elegante | 우아한 |
| Encanto | 매력 |
| Espejo | 거울 |
| Estilista | 문장가 |
| Fotogénico | 포토제닉 |
| Fragancia | 향기 |
| Gracia | 은혜 |
| Piel | 피부 |
| Pintalabios | 립스틱 |
| Productos | 제품 |
| Rímel | 마스카라 |
| Servicios | 서비스 |
| Suave | 매끄러운 |
| Tijeras | 가위 |

## Biología
### 생물학

| | |
|---|---|
| Anatomía | 해부 |
| Bacterias | 박테리아 |
| Celda | 셀 |
| Colágeno | 콜라겐 |
| Cromosoma | 염색체 |
| Embrión | 배아 |
| Enzima | 효소 |
| Evolución | 진화 |
| Fotosíntesis | 광합성 |
| Hormona | 호르몬 |
| Mamífero | 포유류 |
| Mutación | 돌연변이 |
| Natural | 자연스러운 |
| Nervio | 신경 |
| Neurona | 뉴런 |
| Ósmosis | 삼투 |
| Proteína | 단백질 |
| Reptil | 파충류 |
| Simbiosis | 공생 |
| Sinapsis | 시냅스 |

## Boxeo
### 권투

| | |
|---|---|
| Árbitro | 심판 |
| Barbilla | 턱 |
| Campana | 벨 |
| Centrar | 초점 |
| Codo | 팔꿈치 |
| Cuerdas | 로프 |
| Cuerpo | 몸 |
| Esquina | 모서리 |
| Exhausto | 소진 |
| Fuerza | 힘 |
| Guantes | 장갑 |
| Habilidad | 기술 |
| Lesiones | 부상 |
| Luchador | 전투기 |
| Oponente | 상대 |
| Puño | 주먹 |
| Rápido | 빠른 |
| Recuperación | 회복 |

## Calentamiento Global
### 지구 온난화

| | |
|---|---|
| Ahora | 지금 |
| Ambiental | 환경 |
| Atención | 주의 |
| Ártico | 북극 |
| Científico | 과학자 |
| Clima | 기후 |
| Consecuencias | 결과 |
| Crisis | 위기 |
| Datos | 데이터 |
| Desarrollo | 개발 |
| Energía | 에너지 |
| Futuro | 미래 |
| Gas | 가스 |
| Generaciones | 세대 |
| Gobierno | 정부 |
| Industria | 산업 |
| Internacional | 국제 |
| Legislación | 입법 |
| Poblaciones | 인구 |
| Temperaturas | 온도 |

## Camping
### 캠핑

| | |
|---|---|
| Animales | 동물 |
| Aventura | 모험 |
| Árboles | 나무 |
| Bosque | 숲 |
| Brújula | 나침반 |
| Cabina | 캐빈 |
| Canoa | 카누 |
| Carpa | 텐트 |
| Caza | 수렵 |
| Cuerda | 밧줄 |
| Equipo | 장비 |
| Fuego | 불 |
| Hamaca | 해먹 |
| Insecto | 곤충 |
| Lago | 호수 |
| Luna | 달 |
| Mapa | 지도 |
| Montaña | 산 |
| Naturaleza | 자연 |
| Sombrero | 모자 |

## Casa
### 하우스

| | |
|---|---|
| Alfombra | 깔개 |
| Ático | 애틱 |
| Biblioteca | 도서관 |
| Chimenea | 난로 |
| Cocina | 부엌 |
| Dormitorio | 침실 |
| Ducha | 샤워 |
| Escoba | 비 |
| Espejo | 거울 |
| Garaje | 차고 |
| Grifo | 수도꼭지 |
| Jardín | 정원 |
| Lámpara | 램프 |
| Pared | 벽 |
| Piso | 바닥 |
| Puerta | 문 |
| Sótano | 최하부 |
| Techo | 지붕 |
| Valla | 울타리 |
| Ventana | 창 |

## Chocolate
### 초콜릿

| | |
|---|---|
| Amargo | 쓴 |
| Antioxidante | 항산화제 |
| Artesanal | 장인 |
| Azúcar | 설탕 |
| Cacahuetes | 땅콩 |
| Cacao | 카카오 |
| Calidad | 품질 |
| Calorías | 칼로리 |
| Caramelo | 캐러멜 |
| Coco | 코코넛 |
| Delicioso | 맛있는 |
| Dulce | 달콤한 |
| Exótico | 이국적인 |
| Favorito | 좋아하는 |
| Gusto | 맛 |
| Ingrediente | 성분 |
| Polvo | 가루 |
| Receta | 레시피 |

## Ciencia
### 과학

| | |
|---|---|
| Átomo | 원자 |
| Científico | 과학자 |
| Clima | 기후 |
| Datos | 데이터 |
| Evolución | 진화 |
| Experimento | 실험 |
| Física | 물리학 |
| Fósil | 화석 |
| Gravedad | 중력 |
| Hecho | 사실 |
| Hipótesis | 가설 |
| Laboratorio | 실험실 |
| Método | 방법 |
| Minerales | 탄산수 |
| Moléculas | 분자 |
| Naturaleza | 자연 |
| Organismo | 유기체 |
| Partículas | 입자 |
| Plantas | 식물 |
| Químico | 화학 |

## Ciencia Ficción
### 사이언스 픽션

| | |
|---|---|
| Atómico | 원자 |
| Cine | 영화 |
| Distante | 먼 |
| Escenario | 대본 |
| Explosión | 폭발 |
| Fantástico | 환상적인 |
| Fuego | 불 |
| Futurista | 미래 |
| Galaxia | 은하 |
| Ilusión | 환상 |
| Imaginario | 상상의 |
| Libros | 책 |
| Misterioso | 신비한 |
| Mundo | 세계 |
| Novelas | 소설 |
| Oráculo | 오라클 |
| Planeta | 행성 |
| Robots | 로봇 |
| Tecnología | 기술 |
| Utopía | 유토피아 |

## Ciudad
### 타운

| | |
|---|---|
| Aeropuerto | 공항 |
| Banco | 은행 |
| Biblioteca | 도서관 |
| Cine | 영화 |
| Clínica | 진료소 |
| Escuela | 학교 |
| Estadio | 경기장 |
| Farmacia | 약국 |
| Florista | 플로리스트 |
| Galería | 갤러리 |
| Hotel | 호텔 |
| Librería | 서점 |
| Mercado | 시장 |
| Museo | 박물관 |
| Panadería | 빵집 |
| Supermercado | 슈퍼마켓 |
| Teatro | 극장 |
| Tienda | 가게 |
| Universidad | 대학 |
| Zoo | 동물원 |

## Clima
### 날씨

| | |
|---|---|
| Atmósfera | 분위기 |
| Brisa | 미풍 |
| Cielo | 하늘 |
| Clima | 기후 |
| Hielo | 얼음 |
| Huracán | 허리케인 |
| Inundación | 홍수 |
| Monzón | 우기 |
| Niebla | 안개 |
| Nube | 구름 |
| Polar | 극선 |
| Rayo | 번개 |
| Seco | 마른 |
| Sequía | 가뭄 |
| Temperatura | 온도 |
| Tormenta | 폭풍 |
| Tornado | 토네이도 |
| Tropical | 열대 |
| Trueno | 천둥 |
| Viento | 바람 |

## Cocina
### 키친

| | |
|---|---|
| Comida | 음식 |
| Congelador | 냉동고 |
| Cucharas | 숟가락 |
| Cucharón | 국자 |
| Cuchillos | 칼 |
| Delantal | 앞치마 |
| Especias | 향신료 |
| Esponja | 스펀지 |
| Horno | 오븐 |
| Jarra | 주전자 |
| Palillos | 젓가락 |
| Parrilla | 그릴 |
| Receta | 레시피 |
| Refrigerador | 냉장고 |
| Servilleta | 냅킨 |
| Tarro | 항아리 |
| Tazas | 컵 |
| Tazón | 그릇 |
| Tenedores | 포크 |

## Colores
### 색상

| | |
|---|---|
| Amarillo | 노란색 |
| Azul | 블루 |
| Azur | 하늘빛 |
| Beige | 베이지 |
| Blanco | 하얀 |
| Cian | 시안 |
| Fucsia | 자홍색 |
| Gris | 회색 |
| Índigo | 남빛 |
| Magenta | 마젠타 |
| Marrón | 갈색 |
| Naranja | 오렌지 |
| Negro | 블랙 |
| Púrpura | 보라색 |
| Rojo | 빨간색 |
| Rosa | 분홍 |
| Sepia | 세피아 |
| Verde | 녹색 |
| Violeta | 바이올렛 |

## Comida #1
### 식품 #1

| | |
|---|---|
| Ajo | 마늘 |
| Albahaca | 바질 |
| Atún | 참치 |
| Azúcar | 설탕 |
| Canela | 계피 |
| Carne | 고기 |
| Cebada | 보리 |
| Cebolla | 양파 |
| Ensalada | 샐러드 |
| Espinacas | 시금치 |
| Fresa | 딸기 |
| Jugo | 주스 |
| Leche | 우유 |
| Limón | 레몬 |
| Menta | 민트 |
| Nabo | 순무 |
| Pera | 배 |
| Sal | 소금 |
| Sopa | 수프 |
| Zanahoria | 당근 |

## Comida #2
### 식품 #2

| | |
|---|---|
| Alcachofa | 아티초크 |
| Almendra | 아몬드 |
| Apio | 셀러리 |
| Arroz | 쌀 |
| Berenjena | 가지 |
| Cereza | 체리 |
| Chocolate | 초콜릿 |
| Girasol | 해바라기 |
| Huevo | 계란 |
| Jengibre | 생강 |
| Kiwi | 키위 |
| Manzana | 사과 |
| Pan | 빵 |
| Plátano | 바나나 |
| Pollo | 닭 |
| Queso | 치즈 |
| Tomate | 토마토 |
| Trigo | 밀 |
| Uva | 포도 |
| Yogur | 요거트 |

## Conduciendo
### 드라이빙

| | |
|---|---|
| Accidente | 사고 |
| Autobús | 버스 |
| Calle | 거리 |
| Camión | 트럭 |
| Coche | 차 |
| Combustible | 연료 |
| Frenos | 브레이크 |
| Garaje | 차고 |
| Gas | 가스 |
| Licencia | 특허 |
| Mapa | 지도 |
| Motocicleta | 오토바이 |
| Motor | 모터 |
| Peatonal | 보행자 |
| Peligro | 위험 |
| Policía | 경찰 |
| Seguridad | 안전 |
| Tráfico | 교통 |
| Túnel | 터널 |
| Velocidad | 속도 |

## Creatividad
### 창의성

| | |
|---|---|
| Artístico | 예술적 |
| Autenticidad | 확실성 |
| Claridad | 선명도 |
| Dramático | 극적인 |
| Emociones | 감정 |
| Espontáneo | 자발적인 |
| Expresión | 식 |
| Fluidez | 유동성 |
| Habilidad | 기술 |
| Ideas | 아이디어 |
| Imagen | 영상 |
| Imaginación | 상상력 |
| Impresión | 인상 |
| Inspiración | 영감 |
| Intensidad | 강렬함 |
| Intuición | 직관 |
| Inventivo | 발명 |
| Sensación | 감각 |
| Visiones | 비전 |
| Vitalidad | 활력 |

## Cuerpo Humano
### 인체

| | |
|---|---|
| Barbilla | 턱 |
| Boca | 입 |
| Cabeza | 머리 |
| Cara | 얼굴 |
| Cerebro | 뇌 |
| Codo | 팔꿈치 |
| Corazón | 심장 |
| Cuello | 목 |
| Dedo | 손가락 |
| Hombro | 어깨 |
| Lengua | 혀 |
| Mano | 손 |
| Nariz | 코 |
| Ojo | 눈 |
| Oreja | 귀 |
| Piel | 피부 |
| Pierna | 다리 |
| Rodilla | 무릎 |
| Sangre | 피 |
| Tobillo | 발목 |

## Diplomacia
### 외교

| | |
|---|---|
| Asesor | 고문 |
| Comunidad | 커뮤니티 |
| Conflicto | 갈등 |
| Cooperación | 협력 |
| Diplomático | 외교 |
| Discusión | 토론 |
| Embajada | 대사관 |
| Embajador | 대사 |
| Extranjero | 외국의 |
| Ética | 윤리학 |
| Gobierno | 정부 |
| Humanitario | 인도주의 |
| Idiomas | 언어 |
| Integridad | 무결성 |
| Justicia | 정의 |
| Política | 정치 |
| Resolución | 해결 |
| Seguridad | 보안 |
| Solución | 해결책 |
| Tratado | 조약 |

## Disciplinas Científicas
## 과학 분야

| | |
|---|---|
| Anatomía | 해부 |
| Arqueología | 고고학 |
| Astronomía | 천문학 |
| Biología | 생물학 |
| Bioquímica | 생화학 |
| Botánica | 식물학 |
| Ecología | 생태학 |
| Fisiología | 생리학 |
| Geología | 지질학 |
| Inmunología | 면역학 |
| Lingüística | 언어학 |
| Mecánica | 역학 |
| Meteorología | 기상학 |
| Mineralogía | 광물학 |
| Neurología | 신경학 |
| Psicología | 심리학 |
| Química | 화학 |
| Sociología | 사회학 |
| Termodinámica | 열역학 |
| Zoología | 동물학 |

## Ecología
## 생태학

| | |
|---|---|
| Clima | 기후 |
| Comunidades | 커뮤니티 |
| Diversidad | 다양성 |
| Especie | 종 |
| Fauna | 동물군 |
| Flora | 플로라 |
| Global | 글로벌 |
| Hábitat | 서식지 |
| Marino | 선박 |
| Montañas | 산 |
| Natural | 자연스러운 |
| Naturaleza | 자연 |
| Pantano | 습지 |
| Plantas | 식물 |
| Recursos | 자원 |
| Sequía | 가뭄 |
| Sostenible | 지속 가능한 |
| Supervivencia | 생존 |
| Variedad | 종류 |
| Vegetación | 초목 |

## Edificios
## 건물

| | |
|---|---|
| Albergue | 호스텔 |
| Apartamento | 아파트 |
| Castillo | 성 |
| Cine | 영화 |
| Embajada | 대사관 |
| Escuela | 학교 |
| Estadio | 경기장 |
| Fábrica | 공장 |
| Garaje | 차고 |
| Granero | 헛간 |
| Granja | 농장 |
| Hospital | 병원 |
| Hotel | 호텔 |
| Laboratorio | 실험실 |
| Museo | 박물관 |
| Observatorio | 전망대 |
| Supermercado | 슈퍼마켓 |
| Teatro | 극장 |
| Torre | 탑 |
| Universidad | 대학 |

## Electricidad
## 전기

| | |
|---|---|
| Almacenamiento | 저장 |
| Batería | 배터리 |
| Cable | 케이블 |
| Cables | 전선 |
| Cantidad | 양 |
| Electricista | 전공 |
| Eléctrico | 전기 |
| Enchufe | 소켓 |
| Equipo | 장비 |
| Generador | 발전기 |
| Imán | 자석 |
| Lámpara | 램프 |
| Láser | 레이저 |
| Negativo | 부정적인 |
| Objetos | 사물 |
| Positivo | 긍정적 인 |
| Red | 회로망 |
| Televisión | 텔레비전 |
| Teléfono | 전화 |

## Energía
## 에너지

| | |
|---|---|
| Batería | 배터리 |
| Calor | 열 |
| Carbono | 탄소 |
| Combustible | 연료 |
| Contaminación | 오염 |
| Diesel | 디젤 |
| Electrón | 전자 |
| Eléctrico | 전기 |
| Entropía | 엔트로피 |
| Fotón | 광자 |
| Gasolina | 가솔린 |
| Hidrógeno | 수소 |
| Industria | 산업 |
| Motor | 모터 |
| Nuclear | 핵 |
| Renovable | 재생 가능 |
| Sol | 태양 |
| Turbina | 터빈 |
| Vapor | 증기 |
| Viento | 바람 |

## Enfermedad
## 질병

| | |
|---|---|
| Abdominal | 복부 |
| Agudo | 급성 |
| Alergias | 알레르기 |
| Corazón | 심장 |
| Crónica | 만성 |
| Cuerpo | 몸 |
| Débil | 약한 |
| Genético | 유전적 |
| Hereditario | 유전 |
| Huesos | 뼈 |
| Inflamación | 염증 |
| Inmunidad | 면역 |
| Lumbar | 요추 |
| Pulmonar | 폐 |
| Respiratorio | 호흡기 |
| Salud | 건강 |
| Seno | 공동 |
| Síndrome | 증후군 |
| Terapia | 요법 |

## Especias
### 향신료

| | |
|---|---|
| Ajo | 마늘 |
| Amargo | 쓴 |
| Anís | 아니스 |
| Azafrán | 사프란 |
| Canela | 계피 |
| Cardamomo | 카르다몸 |
| Cebolla | 양파 |
| Clavo | 정향 |
| Comino | 커민 |
| Curry | 카레 |
| Dulce | 달콤한 |
| Hinojo | 회향 |
| Jengibre | 생강 |
| Nuez Moscada | 육두구 |
| Pimentón | 파프리카 |
| Pimienta | 후추 |
| Regaliz | 감초 |
| Sabor | 맛 |
| Sal | 소금 |
| Vainilla | 바닐라 |

## Ética
### 윤리학

| | |
|---|---|
| Altruismo | 이타주의 |
| Bondad | 친절 |
| Compasión | 연민 |
| Cooperación | 협력 |
| Dignidad | 존엄성 |
| Diplomático | 외교 |
| Filosofía | 철학 |
| Honestidad | 정직 |
| Humanidad | 인류 |
| Individualismo | 개인주의 |
| Integridad | 무결성 |
| Optimismo | 낙천주의 |
| Paciencia | 인내 |
| Racionalidad | 합리성 |
| Razonable | 합리적인 |
| Realismo | 리얼리즘 |
| Sabiduría | 지혜 |
| Tolerancia | 공차 |
| Valores | 값 |

## Familia
### 패밀리

| | |
|---|---|
| Abuela | 할머니 |
| Abuelo | 할아버지 |
| Antepasado | 선조 |
| Esposa | 아내 |
| Hermana | 자매 |
| Hermano | 형 |
| Hija | 딸 |
| Infancia | 어린 시절 |
| Madre | 어머니 |
| Marido | 남편 |
| Materno | 모성 |
| Nieto | 손자 |
| Niño | 아이 |
| Niños | 어린이 |
| Padre | 아버지 |
| Primo | 사촌 |
| Sobrina | 조카딸 |
| Sobrino | 조카 |
| Tía | 이모 |
| Tío | 삼촌 |

## Filantropía
### 자선 활동

| | |
|---|---|
| Caridad | 자선 |
| Comunidad | 커뮤니티 |
| Contactos | 연락처 |
| Donar | 기부 |
| Finanzas | 금융 |
| Fondos | 자금 |
| Generosidad | 관대 |
| Gente | 사람들 |
| Global | 글로벌 |
| Grupos | 그룹 |
| Historia | 역사 |
| Honestidad | 정직 |
| Humanidad | 인류 |
| Juventud | 청소년 |
| Metas | 목표 |
| Misión | 사명 |
| Necesitar | 필요 |
| Niños | 어린이 |
| Programas | 프로그램 |
| Público | 공공의 |

## Física
### 물리학

| | |
|---|---|
| Aceleración | 가속 |
| Átomo | 원자 |
| Caos | 혼돈 |
| Densidad | 밀도 |
| Electrón | 전자 |
| Fórmula | 수식 |
| Frecuencia | 빈도 |
| Gas | 가스 |
| Gravedad | 중력 |
| Magnetismo | 자기 |
| Masa | 질량 |
| Mecánica | 역학 |
| Molécula | 분자 |
| Motor | 엔진 |
| Nuclear | 핵 |
| Partícula | 입자 |
| Químico | 화학 |
| Relatividad | 상대성 |
| Variable | 변수 |
| Velocidad | 속도 |

## Flores
### 꽃

| | |
|---|---|
| Amapola | 양귀비 |
| Caléndula | 금송화 |
| Diente de León | 민들레 |
| Gardenia | 치자 |
| Girasol | 해바라기 |
| Hibisco | 히비스커스 |
| Jazmín | 재스민 |
| Lavanda | 라벤더 |
| Lila | 라일락 |
| Lirio | 백합 |
| Magnolia | 목련 |
| Margarita | 데이지 |
| Narciso | 수선화 |
| Orquídea | 난초 |
| Peonía | 모란 |
| Pétalo | 꽃잎 |
| Ramo | 꽃다발 |
| Rosa | 장미 |
| Trébol | 클로버 |
| Tulipán | 튤립 |

## Formas
셰이프

| | |
|---|---|
| Arco | 호 |
| Bordes | 가장자리 |
| Cilindro | 실린더 |
| Círculo | 원 |
| Cono | 원뿔 |
| Cuadrado | 정사각형 |
| Cubo | 입방체 |
| Curva | 곡선 |
| Elipse | 타원 |
| Esfera | 구체 |
| Esquina | 모서리 |
| Hipérbola | 쌍곡선 |
| Lado | 측면 |
| Línea | 선 |
| Oval | 타원형 |
| Pirámide | 피라미드 |
| Polígono | 다각형 |
| Prisma | 프리즘 |
| Rectángulo | 직사각형 |
| Triángulo | 삼각형 |

## Fruta
과일

| | |
|---|---|
| Aguacate | 아보카도 |
| Albaricoque | 살구 |
| Baya | 베리 |
| Cereza | 체리 |
| Coco | 코코넛 |
| Frambuesa | 라즈베리 |
| Guayaba | 구아바 |
| Kiwi | 키위 |
| Limón | 레몬 |
| Mango | 망고 |
| Manzana | 사과 |
| Melocotón | 복숭아 |
| Melón | 멜론 |
| Naranja | 오렌지 |
| Nectarina | 천도 복숭아 |
| Papaya | 파파야 |
| Pera | 배 |
| Piña | 파인애플 |
| Plátano | 바나나 |
| Uva | 포도 |

## Geografía
지리학

| | |
|---|---|
| Altitud | 고도 |
| Atlas | 아틀라스 |
| Ciudad | 도시 |
| Continente | 대륙 |
| Hemisferio | 반구 |
| Isla | 섬 |
| Latitud | 위도 |
| Longitud | 경도 |
| Mapa | 지도 |
| Mar | 바다 |
| Meridiano | 자오선 |
| Montaña | 산 |
| Mundo | 세계 |
| Norte | 북쪽 |
| Oeste | 서쪽 |
| País | 국가 |
| Región | 지역 |
| Río | 강 |
| Sur | 남쪽 |
| Territorio | 영토 |

## Geología
지질학

| | |
|---|---|
| Ácido | 산 |
| Calcio | 칼슘 |
| Capa | 층 |
| Caverna | 동굴 |
| Continente | 대륙 |
| Coral | 산호 |
| Cristales | 크리스탈 |
| Cuarzo | 석영 |
| Erosión | 부식 |
| Estalactita | 종유석 |
| Estalagmitas | 석순 |
| Fósil | 화석 |
| Géiser | 간헐천 |
| Lava | 용암 |
| Meseta | 고원 |
| Minerales | 탄산수 |
| Piedra | 돌 |
| Sal | 소금 |
| Terremoto | 지진 |
| Volcán | 화산 |

## Geometría
지오메트리

| | |
|---|---|
| Altura | 키 |
| Ángulo | 각도 |
| Cálculo | 계산 |
| Curva | 곡선 |
| Diámetro | 지름 |
| Dimensión | 치수 |
| Ecuación | 방정식 |
| Horizontal | 수평 |
| Lógica | 논리 |
| Masa | 질량 |
| Mediana | 중앙값 |
| Número | 수 |
| Paralelo | 평행 |
| Proporción | 비율 |
| Segmento | 분절 |
| Simetría | 대칭 |
| Superficie | 표면 |
| Teoría | 이론 |
| Triángulo | 삼각형 |
| Vertical | 세로 |

## Gobierno
정부

| | |
|---|---|
| Ciudadanía | 시민권 |
| Civil | 시민 |
| Constitución | 헌법 |
| Democracia | 민주주의 |
| Discurso | 연설 |
| Discusión | 토론 |
| Distrito | 지구 |
| Estado | 상태 |
| Igualdad | 평등 |
| Independencia | 독립 |
| Judicial | 사법 |
| Justicia | 정의 |
| Ley | 법 |
| Libertad | 자유 |
| Líder | 지도자 |
| Monumento | 기념물 |
| Nación | 국가 |
| Pacífico | 평화로운 |
| Política | 정치 |
| Símbolo | 상징 |

## Granja #1
농장 #1

| Abeja | 벌 |
| Agricultura | 농업 |
| Agua | 물 |
| Arroz | 쌀 |
| Burro | 당나귀 |
| Caballo | 말 |
| Cabra | 염소 |
| Campo | 들 |
| Cuervo | 까마귀 |
| Fertilizante | 비료 |
| Gato | 고양이 |
| Heno | 건초 |
| Miel | 꿀 |
| Perro | 개 |
| Pollo | 닭 |
| Semillas | 씨앗 |
| Ternero | 송아지 |
| Tierra | 땅 |
| Vaca | 소 |
| Valla | 울타리 |

## Granja #2
농장 #2

| Agricultor | 농부 |
| Animales | 동물 |
| Cebada | 보리 |
| Colmena | 벌집 |
| Comida | 음식 |
| Cordero | 양고기 |
| Fruta | 과일 |
| Granero | 헛간 |
| Huerto | 과수원 |
| Leche | 우유 |
| Llama | 라마 |
| Maíz | 옥수수 |
| Oveja | 양 |
| Pastor | 목자 |
| Pato | 오리 |
| Prado | 목초지 |
| Riego | 관개 |
| Tractor | 트랙터 |
| Trigo | 밀 |
| Vegetal | 야채 |

## Herboristería
약초학

| Ajo | 마늘 |
| Albahaca | 바질 |
| Aromático | 방향족 |
| Azafrán | 사프란 |
| Calidad | 품질 |
| Culinario | 요리 |
| Eneldo | 딜 |
| Estragón | 타라곤 |
| Flor | 꽃 |
| Hinojo | 회향 |
| Ingrediente | 성분 |
| Jardín | 정원 |
| Lavanda | 라벤더 |
| Mejorana | 마조람 |
| Menta | 민트 |
| Perejil | 파슬리 |
| Planta | 식물 |
| Romero | 로즈마리 |
| Sabor | 맛 |
| Verde | 녹색 |

## Ingeniería
엔지니어링

| Ángulo | 각도 |
| Cálculo | 계산 |
| Construcción | 건설 |
| Diagrama | 도표 |
| Diámetro | 지름 |
| Diesel | 디젤 |
| Distribución | 분포 |
| Eje | 축 |
| Energía | 에너지 |
| Estabilidad | 안정성 |
| Estructura | 구조 |
| Fricción | 마찰 |
| Fuerza | 힘 |
| Líquido | 액체 |
| Máquina | 기계 |
| Medición | 측정 |
| Motor | 모터 |
| Palancas | 레버 |
| Profundidad | 깊이 |
| Propulsión | 추진 |

## Instrumentos Musicales
악기

| Armónica | 하모니카 |
| Arpa | 하프 |
| Banjo | 밴조 |
| Clarinete | 클라리넷 |
| Fagot | 바순 |
| Flauta | 플루트 |
| Gong | 징 |
| Guitarra | 기타 |
| Mandolina | 만돌린 |
| Marimba | 마림바 |
| Oboe | 오보에 |
| Pandereta | 탬버린 |
| Percusión | 타악기 |
| Piano | 피아노 |
| Saxofón | 색소폰 |
| Tambor | 북 |
| Trombón | 트롬본 |
| Trompeta | 트럼펫 |
| Violín | 바이올린 |
| Violonchelo | 첼로 |

## Jardinería
원예

| Agua | 물 |
| Botánico | 식물 |
| Clima | 기후 |
| Comestible | 식용 |
| Compost | 퇴비 |
| Contenedor | 컨테이너 |
| Especie | 종 |
| Estacional | 계절 |
| Exótico | 이국적인 |
| Flor | 꽃 |
| Floral | 플로랄 |
| Follaje | 잎 |
| Huerto | 과수원 |
| Humedad | 수분 |
| Manguera | 호스 |
| Ramo | 꽃다발 |
| Semillas | 씨앗 |
| Suciedad | 흙 |
| Suelo | 토양 |

## Jardín
## 가든

| | |
|---|---|
| Arbusto | 부시 |
| Árbol | 나무 |
| Banco | 벤치 |
| Estanque | 연못 |
| Flor | 꽃 |
| Garaje | 차고 |
| Hamaca | 해먹 |
| Hierba | 잔디 |
| Huerto | 과수원 |
| Jardín | 정원 |
| Malezas | 잡초 |
| Manguera | 호스 |
| Pala | 삽 |
| Porche | 현관 |
| Rastrillo | 갈퀴 |
| Rocas | 바위 |
| Suelo | 토양 |
| Terraza | 테라스 |
| Trampolín | 트램폴린 |
| Valla | 울타리 |

## Jazz
## 재즈

| | |
|---|---|
| Artista | 예술가 |
| Álbum | 앨범 |
| Canción | 노래 |
| Composición | 구성 |
| Compositor | 작곡가 |
| Concierto | 콘서트 |
| Estilo | 스타일 |
| Énfasis | 강조 |
| Famoso | 유명한 |
| Favoritos | 즐겨찾기 |
| Género | 장르 |
| Improvisación | 즉흥 연주 |
| Música | 음악 |
| Nuevo | 새로운 |
| Orquesta | 오케스트라 |
| Ritmo | 리듬 |
| Talento | 재능 |
| Tambores | 드럼 |
| Técnica | 기술 |
| Viejo | 오래된 |

## La Empresa
## 컴퍼니

| | |
|---|---|
| Calidad | 품질 |
| Creativo | 창조적 |
| Decisión | 결정 |
| Empleo | 고용 |
| Global | 글로벌 |
| Industria | 산업 |
| Ingresos | 수익 |
| Innovador | 혁신적인 |
| Inversión | 투자 |
| Negocio | 사업 |
| Posibilidad | 가능성 |
| Presentación | 프레젠테이션 |
| Producto | 제품 |
| Progreso | 진행 |
| Recursos | 자원 |
| Reputación | 평판 |
| Riesgos | 위험 |
| Salarios | 임금 |
| Unidades | 단위 |

## Libros
## 도서

| | |
|---|---|
| Autor | 저자 |
| Aventura | 모험 |
| Colección | 수집 |
| Contexto | 문맥 |
| Dualidad | 이중성 |
| Epopeya | 서사시 |
| Escrito | 서면 |
| Historia | 이야기 |
| Histórico | 역사적인 |
| Humorístico | 재미있는 |
| Inventivo | 발명 |
| Lector | 리더 |
| Literario | 문학 |
| Narrador | 내레이터 |
| Novela | 소설 |
| Página | 페이지 |
| Pertinente | 관련 |
| Poema | 시 |
| Serie | 시리즈 |
| Trágico | 비참한 |

## Literatura
## 문학

| | |
|---|---|
| Analogía | 유추 |
| Análisis | 분석 |
| Anécdota | 일화 |
| Autor | 저자 |
| Biografía | 전기 |
| Comparación | 비교 |
| Conclusión | 결론 |
| Descripción | 설명 |
| Diálogo | 대화 |
| Estilo | 스타일 |
| Metáfora | 은유 |
| Narrador | 내레이터 |
| Novela | 소설 |
| Opinión | 의견 |
| Poema | 시 |
| Poético | 시적 |
| Rima | 운 |
| Ritmo | 리듬 |
| Tema | 주제 |
| Tragedia | 비극 |

## Los Medios de Comunicación
## 더 미디어

| | |
|---|---|
| Actitudes | 태도 |
| Comercial | 광고 |
| Comunicación | 통신 |
| Digital | 디지털 |
| Edición | 판 |
| Educación | 교육 |
| En Línea | 온라인 |
| Financiación | 자금 조달 |
| Fotos | 사진 |
| Hechos | 사실 |
| Industria | 산업 |
| Intelectual | 지적인 |
| Local | 로컬 |
| Opinión | 의견 |
| Periódicos | 신문 |
| Público | 공공의 |
| Radio | 라디오 |
| Red | 회로망 |
| Revistas | 잡지 |
| Televisión | 텔레비전 |

## Mamíferos
### 포유류

| Ballena | 고래 |
|---|---|
| Burro | 당나귀 |
| Caballo | 말 |
| Camello | 낙타 |
| Canguro | 캥거루 |
| Cebra | 얼룩말 |
| Conejo | 토끼 |
| Coyote | 코요테 |
| Delfín | 돌고래 |
| Elefante | 코끼리 |
| Gato | 고양이 |
| Gorila | 고릴라 |
| Jirafa | 기린 |
| Lobo | 늑대 |
| Mono | 원숭이 |
| Oso | 곰 |
| Oveja | 양 |
| Perro | 개 |
| Toro | 황소 |
| Zorro | 여우 |

## Matemáticas
### 수학

| Aritmética | 산수 |
|---|---|
| Ángulos | 각도 |
| Circunferencia | 둘레 |
| Cuadrado | 정사각형 |
| Decimal | 십진수 |
| Diámetro | 지름 |
| Ecuación | 방정식 |
| Esfera | 구체 |
| Exponente | 몃지수 |
| Fracción | 분수 |
| Geometría | 기하학 |
| Paralelo | 평행 |
| Paralelogramo | 평행사변형 |
| Perpendicular | 수직 |
| Polígono | 다각형 |
| Radio | 반지름 |
| Rectángulo | 직사각형 |
| Simetría | 대칭 |
| Triángulo | 삼각형 |
| Volumen | 음량 |

## Mediciones
### 측정값

| Altura | 키 |
|---|---|
| Ancho | 너비 |
| Byte | 바이트 |
| Centímetro | 센티미터 |
| Decimal | 십진수 |
| Grado | 정도 |
| Gramo | 그램 |
| Kilogramo | 킬로그램 |
| Kilómetro | 킬로미터 |
| Litro | 리터 |
| Longitud | 길이 |
| Masa | 질량 |
| Metro | 미터 |
| Minuto | 분 |
| Onza | 온스 |
| Peso | 무게 |
| Profundidad | 깊이 |
| Pulgada | 인치 |
| Tonelada | 톤 |
| Volumen | 음량 |

## Meditación
### 명상

| Aceptación | 수락 |
|---|---|
| Atención | 주의 |
| Bondad | 친절 |
| Claridad | 선명도 |
| Compasión | 연민 |
| Emociones | 감정 |
| Felicidad | 행복 |
| Gratitud | 감사 |
| Mental | 정신 |
| Mente | 마음 |
| Movimiento | 운동 |
| Música | 음악 |
| Naturaleza | 자연 |
| Observación | 관찰 |
| Paz | 평화 |
| Pensamientos | 생각 |
| Perspectiva | 관점 |
| Postura | 자세 |
| Respiración | 호흡 |
| Silencio | 침묵 |

## Mitología
### 신화

| Arquetipo | 원형 |
|---|---|
| Celos | 질투 |
| Cielo | 천국 |
| Comportamiento | 행동 |
| Creación | 창조 |
| Creencias | 신념 |
| Criatura | 생물 |
| Cultura | 문화 |
| Deidades | 신 |
| Desastre | 재해 |
| Fuerza | 힘 |
| Guerrero | 전사 |
| Héroe | 영웅 |
| Inmortalidad | 불사 |
| Laberinto | 미궁 |
| Leyenda | 전설 |
| Monstruo | 괴물 |
| Rayo | 번개 |
| Trueno | 천둥 |
| Venganza | 복수 |

## Moda
### 패션

| Bordado | 자수 |
|---|---|
| Botones | 버튼 |
| Boutique | 부티크 |
| Caro | 비싼 |
| Elegante | 우아한 |
| Encaje | 레이스 |
| Estilo | 스타일 |
| Mediciones | 측정 |
| Minimalista | 미니멀리스트 |
| Moderno | 현대 |
| Modesto | 겸손한 |
| Original | 원본 |
| Patrón | 무늬 |
| Práctico | 실용적인 |
| Ropa | 의류 |
| Sencillo | 간단한 |
| Sofisticado | 정교한 |
| Tendencia | 경향 |
| Textura | 조직 |

## Música
음악

| | |
|---|---|
| Armonía | 조화 |
| Armónico | 고조파 |
| Álbum | 앨범 |
| Balada | 민요 |
| Cantante | 가수 |
| Cantar | 노래 |
| Clásico | 고전 |
| Coro | 합창 |
| Grabación | 녹음 |
| Improvisar | 즉흥적으로 |
| Instrumento | 악기 |
| Melodía | 멜로디 |
| Micrófono | 마이크 |
| Musical | 뮤지컬 |
| Músico | 음악가 |
| Ópera | 오페라 |
| Poético | 시적 |
| Ritmo | 리듬 |
| Tempo | 속도 |
| Vocal | 보컬 |

## Naturaleza
네이처

| | |
|---|---|
| Abejas | 꿀벌 |
| Acantilados | 절벽 |
| Animales | 동물 |
| Ártico | 북극 |
| Belleza | 아름다움 |
| Bosque | 숲 |
| Desierto | 사막 |
| Dinámico | 동적 |
| Erosión | 부식 |
| Follaje | 잎 |
| Glaciar | 빙하 |
| Montañas | 산 |
| Niebla | 안개 |
| Nubes | 구름 |
| Pacífico | 평화로운 |
| Río | 강 |
| Salvaje | 야생 |
| Santuario | 성역 |
| Sereno | 고요한 |
| Tropical | 열대 |

## Negocio
비즈니스

| | |
|---|---|
| Carrera | 경력 |
| Costo | 비용 |
| Descuento | 할인 |
| Dinero | 돈 |
| Economía | 경제학 |
| Empleado | 직원 |
| Empleador | 고용주 |
| Empresa | 회사 |
| Fábrica | 공장 |
| Finanzas | 금융 |
| Impuestos | 세금 |
| Inversión | 투자 |
| Mercancía | 상품 |
| Moneda | 통화 |
| Oficina | 사무실 |
| Presupuesto | 예산 |
| Tienda | 가게 |
| Trabajo | 직업 |
| Transacción | 거래 |
| Venta | 판매 |

## Nutrición
영양

| | |
|---|---|
| Amargo | 쓴 |
| Apetito | 식욕 |
| Calidad | 품질 |
| Calorías | 칼로리 |
| Carbohidratos | 탄수화물 |
| Cereales | 시리얼 |
| Comestible | 식용 |
| Dieta | 다이어트 |
| Digestión | 소화 |
| Equilibrado | 균형 잡힌 |
| Fermentación | 발효 |
| Nutriente | 영양소 |
| Peso | 무게 |
| Proteínas | 단백질 |
| Sabor | 맛 |
| Salsa | 소스 |
| Salud | 건강 |
| Saludable | 건강한 |
| Toxina | 독소 |
| Vitamina | 비타민 |

## Números
숫자

| | |
|---|---|
| Catorce | 십사 |
| Cero | 영 |
| Cinco | 다섯 |
| Cuatro | 포 |
| Decimal | 십진수 |
| Diecinueve | 열아홉 |
| Dieciocho | 십팔 |
| Dieciséis | 식스틴 |
| Diecisiete | 열일곱 |
| Diez | 십 |
| Doce | 열두 |
| Dos | 두 |
| Nueve | 아홉 |
| Ocho | 여덟 |
| Quince | 열 다섯 |
| Seis | 여섯 |
| Siete | 일곱 |
| Trece | 열셋 |
| Tres | 삼 |
| Veinte | 스물 |

## Océano
바다

| | |
|---|---|
| Alga | 조류 |
| Anguila | 장어 |
| Arrecife | 암초 |
| Atún | 참치 |
| Ballena | 고래 |
| Barco | 배 |
| Camarón | 새우 |
| Cangrejo | 게 |
| Coral | 산호 |
| Delfín | 돌고래 |
| Esponja | 스펀지 |
| Mareas | 조수 |
| Medusa | 해파리 |
| Ostra | 굴 |
| Pescado | 물고기 |
| Pulpo | 문어 |
| Sal | 소금 |
| Tiburón | 상어 |
| Tormenta | 폭풍 |
| Tortuga | 거북이 |

## Paisajes
## 풍경

| | |
|---|---|
| Cascada | 폭포 |
| Cueva | 동굴 |
| Desierto | 사막 |
| Estuario | 하구 |
| Géiser | 간헐천 |
| Glaciar | 빙하 |
| Iceberg | 빙산 |
| Isla | 섬 |
| Lago | 호수 |
| Laguna | 라군 |
| Mar | 바다 |
| Montaña | 산 |
| Oasis | 오아시스 |
| Pantano | 늪 |
| Península | 반도 |
| Playa | 해변 |
| Río | 강 |
| Tundra | 동토대 |
| Valle | 골짜기 |
| Volcán | 화산 |

## Países #1
## 국가 #1

| | |
|---|---|
| Alemania | 독일 |
| Argentina | 아르헨티나 |
| Bélgica | 벨기에 |
| Brasil | 브라질 |
| Canadá | 캐나다 |
| Ecuador | 에콰도르 |
| Egipto | 이집트 |
| España | 스페인 |
| Filipinas | 필리핀 |
| Honduras | 온두라스 |
| India | 인도 |
| Italia | 이탈리아 |
| Libia | 리비아 |
| Malí | 말리 |
| Marruecos | 모로코 |
| Nicaragua | 니카라과 |
| Noruega | 노르웨이 |
| Panamá | 파나마 |
| Polonia | 폴란드 |
| Venezuela | 베네수엘라 |

## Países #2
## 국가 #2

| | |
|---|---|
| Albania | 알바니아 |
| Australia | 호주 |
| Austria | 오스트리아 |
| Dinamarca | 덴마크 |
| Etiopía | 에티오피아 |
| Francia | 프랑스 |
| Grecia | 그리스 |
| Indonesia | 인도네시아 |
| Irlanda | 아일랜드 |
| Jamaica | 자메이카 |
| Japón | 일본 |
| Laos | 라오스 |
| México | 멕시코 |
| Pakistán | 파키스탄 |
| Portugal | 포르투갈 |
| Rusia | 러시아 |
| Siria | 시리아 |
| Sudán | 수단 |
| Ucrania | 우크라이나 |
| Uganda | 우간다 |

## Pájaros
## 새들

| | |
|---|---|
| Avestruz | 타조 |
| Águila | 독수리 |
| Cigüeña | 황새 |
| Cisne | 백조 |
| Cuco | 뻐꾸기 |
| Cuervo | 까마귀 |
| Flamenco | 플라밍고 |
| Ganso | 거위 |
| Garza | 헤론 |
| Gaviota | 갈매기 |
| Gorrión | 참새 |
| Halcón | 매 |
| Huevo | 계란 |
| Loro | 앵무새 |
| Paloma | 비둘기 |
| Pato | 오리 |
| Pelícano | 펠리컨 |
| Pingüino | 펭귄 |
| Pollo | 닭 |
| Tucán | 부리새 |

## Plantas
## 식물

| | |
|---|---|
| Arbusto | 부시 |
| Árbol | 나무 |
| Bambú | 대나무 |
| Baya | 베리 |
| Bosque | 숲 |
| Botánica | 식물학 |
| Cactus | 선인장 |
| Fertilizante | 비료 |
| Flor | 꽃 |
| Flora | 플로라 |
| Follaje | 잎 |
| Frijol | 콩 |
| Hiedra | 아이비 |
| Hierba | 잔디 |
| Jardín | 정원 |
| Musgo | 이끼 |
| Pétalo | 꽃잎 |
| Raíz | 뿌리 |
| Sol | 태양 |
| Vegetación | 초목 |

## Profesiones #1
## 직업 #1

| | |
|---|---|
| Abogado | 변호사 |
| Astrónomo | 천문학자 |
| Atleta | 선수 |
| Bailarín | 댄서 |
| Banquero | 은행가 |
| Bombero | 소방관 |
| Cartógrafo | 지도 제작자 |
| Cazador | 사냥꾼 |
| Doctor | 의사 |
| Editor | 편집자 |
| Embajador | 대사 |
| Enfermera | 간호사 |
| Entrenador | 코치 |
| Fontanero | 배관공 |
| Geólogo | 지질학자 |
| Joyero | 보석상 |
| Músico | 음악가 |
| Pianista | 피아니스트 |
| Psicólogo | 심리학자 |
| Veterinario | 수의사 |

## Profesiones #2
### 직업 #2

| | |
|---|---|
| Astronauta | 우주 비행사 |
| Bibliotecario | 사서 |
| Biólogo | 생물학자 |
| Cirujano | 외과 의사 |
| Dentista | 치과 의사 |
| Detective | 형사 |
| Filósofo | 철학자 |
| Fotógrafo | 사진 작가 |
| Ilustrador | 일러스트레이터 |
| Ingeniero | 엔지니어 |
| Inventor | 발명자 |
| Investigador | 연구원 |
| Jardinero | 정원사 |
| Lingüista | 언어학자 |
| Médico | 의사 |
| Periodista | 기자 |
| Piloto | 조종사 |
| Pintor | 화가 |
| Profesor | 선생님 |
| Zoólogo | 동물학자 |

## Psicología
### 심리학

| | |
|---|---|
| Cita | 약속 |
| Clínico | 임상 |
| Cognición | 인식 |
| Comportamiento | 행동 |
| Conflicto | 갈등 |
| Ego | 자아 |
| Emociones | 감정 |
| Evaluación | 평가 |
| Experiencias | 경험 |
| Ideas | 아이디어 |
| Inconsciente | 무의식 |
| Infancia | 어린 시절 |
| Pensamientos | 생각 |
| Percepción | 지각 |
| Personalidad | 인격 |
| Problema | 문제 |
| Realidad | 현실 |
| Sensación | 감각 |
| Sueños | 꿈 |
| Terapia | 요법 |

## Química
### 화학

| | |
|---|---|
| Alcalino | 알칼리성 |
| Ácido | 산 |
| Calor | 열 |
| Carbono | 탄소 |
| Catalizador | 촉매 |
| Cloro | 염소 |
| Electrón | 전자 |
| Enzima | 효소 |
| Gas | 가스 |
| Hidrógeno | 수소 |
| Ion | 이온 |
| Líquido | 액체 |
| Metales | 궤조 |
| Molécula | 분자 |
| Nuclear | 핵 |
| Oxígeno | 산소 |
| Peso | 무게 |
| Reacción | 반응 |
| Sal | 소금 |
| Temperatura | 온도 |

## Restaurante #2
### 레스토랑 #2

| | |
|---|---|
| Agua | 물 |
| Almuerzo | 점심 |
| Aperitivo | 전채 |
| Bebida | 음료 |
| Camarero | 웨이터 |
| Cena | 저녁 식사 |
| Cuchara | 숟가락 |
| Delicioso | 맛있는 |
| Ensalada | 샐러드 |
| Especias | 향신료 |
| Fideos | 국수 |
| Fruta | 과일 |
| Hielo | 얼음 |
| Pastel | 케이크 |
| Pescado | 물고기 |
| Sal | 소금 |
| Silla | 의자 |
| Sopa | 수프 |
| Tenedor | 포크 |
| Verduras | 채소 |

## Ropa
### 의류

| | |
|---|---|
| Abrigo | 코트 |
| Blusa | 블라우스 |
| Bufanda | 스카프 |
| Camisa | 셔츠 |
| Chaqueta | 재킷 |
| Cinturón | 벨트 |
| Collar | 목걸이 |
| Delantal | 앞치마 |
| Falda | 치마 |
| Guantes | 장갑 |
| Joyas | 보석류 |
| Moda | 패션 |
| Pantalones | 바지 |
| Pijama | 잠옷 |
| Pulsera | 팔찌 |
| Sandalias | 샌들 |
| Sombrero | 모자 |
| Suéter | 스웨터 |
| Vestido | 드레스 |
| Zapato | 구두 |

## Salud y Bienestar #1
### 건강 및 웰빙 #1

| | |
|---|---|
| Activo | 활동적인 |
| Altura | 키 |
| Bacterias | 박테리아 |
| Clínica | 진료소 |
| Doctor | 의사 |
| Farmacia | 약국 |
| Fractura | 골절 |
| Hambre | 굶주림 |
| Hábito | 습관 |
| Hormonas | 호르몬 |
| Huesos | 뼈 |
| Medicina | 약 |
| Músculos | 근육 |
| Piel | 피부 |
| Postura | 자세 |
| Reflejo | 반사 |
| Relajación | 휴식 |
| Terapia | 요법 |
| Tratamiento | 치료 |
| Virus | 바이러스 |

## Salud y Bienestar #2
### 건강 및 웰빙 #2

| | |
|---|---|
| Alergia | 알레르기 |
| Anatomía | 해부 |
| Apetito | 식욕 |
| Caloría | 칼로리 |
| Dieta | 다이어트 |
| Digestión | 소화 |
| Energía | 에너지 |
| Enfermedad | 질병 |
| Estrés | 스트레스 |
| Genética | 유전학 |
| Higiene | 위생 |
| Hospital | 병원 |
| Infección | 감염 |
| Masaje | 마사지 |
| Nutrición | 영양 |
| Peso | 무게 |
| Recuperación | 회복 |
| Saludable | 건강한 |
| Sangre | 피 |
| Vitamina | 비타민 |

## Selva Tropical
### 열대 우림

| | |
|---|---|
| Anfibios | 양서류 |
| Botánico | 식물 |
| Clima | 기후 |
| Comunidad | 커뮤니티 |
| Diversidad | 다양성 |
| Especie | 종 |
| Insectos | 곤충 |
| Mamíferos | 포유류 |
| Musgo | 이끼 |
| Naturaleza | 자연 |
| Nubes | 구름 |
| Pájaros | 조류 |
| Preservación | 보존 |
| Refugio | 피난 |
| Respeto | 존중 |
| Restauración | 복구 |
| Selva | 밀림 |
| Supervivencia | 생존 |
| Valioso | 귀중한 |

## Senderismo
### 하이킹

| | |
|---|---|
| Acantilado | 낭떠러지 |
| Agua | 물 |
| Animales | 동물 |
| Botas | 부츠 |
| Camping | 캠핑 |
| Cansado | 피곤한 |
| Clima | 기후 |
| Cumbre | 서밋 |
| Guías | 가이드 |
| Mapa | 지도 |
| Montaña | 산 |
| Mosquitos | 모기 |
| Naturaleza | 자연 |
| Orientación | 정위 |
| Parques | 공원 |
| Pesado | 무거운 |
| Piedras | 돌 |
| Preparación | 준비 |
| Salvaje | 야생 |
| Sol | 태양 |

## Suministros de Arte
### 미술 용품

| | |
|---|---|
| Aceite | 기름 |
| Acrílico | 아크릴 |
| Acuarelas | 수채화 |
| Agua | 물 |
| Arcilla | 점토 |
| Borrador | 지우개 |
| Caballete | 화가 |
| Carbón | 숯 |
| Cámara | 카메라 |
| Cepillos | 브러쉬 |
| Colores | 색상 |
| Creatividad | 창의성 |
| Ideas | 아이디어 |
| Lápices | 연필 |
| Mesa | 표 |
| Papel | 종이 |
| Pasteles | 파스텔 |
| Pegamento | 접착제 |
| Silla | 의자 |
| Tinta | 잉크 |

## Tecnología
### 기술

| | |
|---|---|
| Archivo | 파일 |
| Blog | 블로그 |
| Bytes | 바이트 |
| Cámara | 카메라 |
| Cursor | 커서 |
| Datos | 데이터 |
| Digital | 디지털 |
| Estadísticas | 통계 |
| Fuente | 글꼴 |
| Internet | 인터넷 |
| Investigación | 연구 |
| Mensaje | 메시지 |
| Navegador | 브라우저 |
| Ordenador | 컴퓨터 |
| Pantalla | 화면 |
| Seguridad | 보안 |
| Software | 소프트웨어 |
| Virtual | 가상 |
| Virus | 바이러스 |

## Tiempo
### 시간

| | |
|---|---|
| Ahora | 지금 |
| Antes | 전에 |
| Anual | 연간 |
| Año | 년 |
| Ayer | 어제 |
| Calendario | 달력 |
| Década | 십년 |
| Dia | 일 |
| Futuro | 미래 |
| Hora | 시간 |
| Hoy | 오늘 |
| Mañana | 아침 |
| Mediodía | 정오 |
| Mes | 월 |
| Minuto | 분 |
| Momento | 순간 |
| Noche | 밤 |
| Reloj | 시계 |
| Semana | 주 |
| Siglo | 세기 |

## Universo
## 유니버스

| | |
|---|---|
| Asteroide | 소행성 |
| Astronomía | 천문학 |
| Astrónomo | 천문학자 |
| Atmósfera | 분위기 |
| Celestial | 천상의 |
| Cielo | 하늘 |
| Cósmico | 우주 |
| Ecuador | 적도 |
| Galaxia | 은하 |
| Hemisferio | 반구 |
| Horizonte | 수평선 |
| Latitud | 위도 |
| Longitud | 경도 |
| Luna | 달 |
| Oscuridad | 어둠 |
| Órbita | 궤도 |
| Solar | 태양 |
| Solsticio | 지점 |
| Telescopio | 망원경 |
| Visible | 보이는 |

## Vacaciones #2
## 휴가 #2

| | |
|---|---|
| Aeropuerto | 공항 |
| Carpa | 텐트 |
| Destino | 목적지 |
| Extranjero | 외국인 |
| Fotos | 사진 |
| Hotel | 호텔 |
| Isla | 섬 |
| Mapa | 지도 |
| Mar | 바다 |
| Ocio | 여가 |
| Pasaporte | 여권 |
| Playa | 해변 |
| Reservas | 전세 |
| Restaurante | 식당 |
| Taxi | 택시 |
| Transporte | 교통 |
| Tren | 기차 |
| Vacaciones | 휴일 |
| Viaje | 여행 |
| Visa | 비자 |

## Vehículos
## 차량

| | |
|---|---|
| Ambulancia | 구급차 |
| Autobús | 버스 |
| Avión | 비행기 |
| Balsa | 뗏목 |
| Barco | 배 |
| Bicicleta | 자전거 |
| Camión | 트럭 |
| Caravana | 캐러밴 |
| Coche | 차 |
| Cohete | 로켓 |
| Ferry | 나룻배 |
| Furgoneta | 반 |
| Helicóptero | 헬리콥터 |
| Metro | 지하철 |
| Motor | 모터 |
| Neumáticos | 타이어 |
| Submarino | 잠수함 |
| Taxi | 택시 |
| Tractor | 트랙터 |
| Tren | 기차 |

## Verduras
## 야채

| | |
|---|---|
| Ajo | 마늘 |
| Alcachofa | 아티초크 |
| Apio | 셀러리 |
| Berenjena | 가지 |
| Brócoli | 브로콜리 |
| Calabaza | 호박 |
| Cebolla | 양파 |
| Ensalada | 샐러드 |
| Espinacas | 시금치 |
| Guisante | 완두콩 |
| Jengibre | 생강 |
| Nabo | 순무 |
| Oliva | 올리브 |
| Patata | 감자 |
| Pepino | 오이 |
| Perejil | 파슬리 |
| Rábano | 무 |
| Seta | 버섯 |
| Tomate | 토마토 |
| Zanahoria | 당근 |

# Enhorabuena

**Lo has conseguido!**

Esperamos que hayas disfrutado de este libro tanto como nosotros al diseñarlo. Nos esforzamos por crear libros de la máxima calidad posible.
Esta edición está diseñada para proporcionar un aprendizaje inteligente, de calidad y divertido!

¿Te ha gustado este libro?

-------

## Una Petición Sencilla

Estos libros existen gracias a las reseñas que se publican.
¿Podrías ayudarnos dejando una reseña ahora?
Aquí tienes un breve enlace a la página de reseñas

BestBooksActivity.com/Opiniones50

# ¡DESAFÍO FINAL!

## Reto n°1

¿Estás listo para tu juego gratis? Los utilizamos siempre, pero no son tan fáciles de encontrar. ¡Aquí están los **Sinónimos**!

Escribe 5 palabras que hayas encontrado en los rompecabezas (#21, #36, #76) y trata de encontrar 2 sinónimos para cada palabra.

### Escriba 5 palabras del **Puzzle 21**

| Palabras | Sinónimo 1 | Sinónimo 2 |
|---|---|---|
| | | |
| | | |
| | | |
| | | |
| | | |

### Escriba 5 palabras del **Puzzle 36**

| Palabras | Sinónimo 1 | Sinónimo 2 |
|---|---|---|
| | | |
| | | |
| | | |
| | | |
| | | |

### Escriba 5 palabras del **Puzzle 76**

| Palabras | Sinónimo 1 | Sinónimo 2 |
|---|---|---|
| | | |
| | | |
| | | |
| | | |
| | | |

# Reto n°2

Ahora que te has calentado, escribe 5 palabras que hayas encontrado en los Puzzles 9, 17 y 25 e intenta encontrar 2 antónimos para cada palabra. ¿Cuántos puedes encontrar en 20 minutos?

*Escriba 5 palabras del **Puzzle 9***

| Palabras | Antónimo 1 | Antónimo 2 |
|---|---|---|
|  |  |  |
|  |  |  |
|  |  |  |
|  |  |  |
|  |  |  |

*Escriba 5 palabras del **Puzzle 17***

| Palabras | Antónimo 1 | Antónimo 2 |
|---|---|---|
|  |  |  |
|  |  |  |
|  |  |  |
|  |  |  |
|  |  |  |

*Escriba 5 palabras del **Puzzle 25***

| Palabras | Antónimo 1 | Antónimo 2 |
|---|---|---|
|  |  |  |
|  |  |  |
|  |  |  |
|  |  |  |
|  |  |  |

# Reto n°3

¡Genial! Este desafío final no es nada para ti.

¿Preparado para el reto final? Elige 10 palabras que hayas descubierto en los diferentes rompecabezas y escríbelas a continuación.

| | |
|---|---|
| 1. | 6. |
| 2. | 7. |
| 3. | 8. |
| 4. | 9. |
| 5. | 10. |

Ahora escribe un texto pensando en una persona, un animal o un lugar que te guste.

*Puedes usar la última página de este libro como borrador.*

## Tu Composición:

# CUADERNO DE NOTAS :

# HASTA PRONTO !

*Todo el Equipo*

# DESCUBRA JUEGOS GRATIS

## GO

↓

**BESTACTIVITYBOOKS.COM/FREEGAMES**